MORALE CHRESTIENNE

OV TOVTES LES QVESTIONS

Qui appartiennent à cette science, sont éxaminées par les principes de la raison naturelle, & suivant l'authorité de l'Escriture Sainte, & des Saints Peres de l'Eglise.

Avec les Responses aux plus fortes Objections que l'on peut faire sur chaque matiére.

Dominus dat sapientiam , & ex ore ejus prudentia & scientia. Proverb. 2.

A PARIS.

Chez CHARLES SAVREUX Libraire Juré, sous la Tour de Nostre-Dame, du costé de l'Archevesché, aux trois Vertus.

M. DC. LXIX.

AVEC PRIVILEGE ET APPROBATION.

DVCI DE MONTAVZIER

DELPHINI GALLIÆ

INSTITVTIONI

PRÆFECTO.

Rogenies Charitum, specimen virtutis, Ocelle
   Pieridum, veræ nobilitatis honos,
Quem LODOIX nato Rectorem elegit, & ipsi
   Credidit imperii pignora chara sui.
Ecce ego sacra tibi præcepta insignia morum
   E sophies sanctis fontibus hausta fero.
Hæc tibi devoti, facilis, libamina cultûs
   Accipe quo vultu munera grata soles.
Ast aliquis dicet, radios superaddere soli
   Quid cupis? haud aliâ crescere luce potest.
Et MONTAVZERIVS morum est idæa bonorum:
   Nil opus est verbis, hìc imitandus adest.
Verùm equidem Phœbus peregrinâ haud luce coruscat.
   Sed quibus affulget, lucidiora facit.
Sic MONTAVZERIVS stricturâ nominis vnâ
   Omne mihi poterit conciliare decus.

A MONSEIGNEVR
LE DUC
DE MONTAVZIER
GOVVERNEVR
DE MONSEIGNEVR
LE DAUPHIN

ONSEIGNEVR,

Quoyque je sois assez persuadé que cet Ouvrage n'a rien de considerable par son autheur : je n'ay pas creu neanmoins qu'il fust toutafait indigne de vous estre offert par la qualité des matières qui y sont examinées. Il a pour objet cette divine science, pour la quelle seule l'Escri-

*

ture donne aux hommes la qualité de sages
& de sçavans, & qu'elle juge si importante
& si necessaire, qu'elle traite d'enfans, de
petits esprits, & d'insensez tous ceux qui
l'ignorent. C'est cette science qu'elle appelle
la science du salut, la science de la vie, &
la science des Saints ; parcequ'elle n'a
pour but que de nous conduire au salut, &
à la vie, & que c'est par elle que tous les
Saints y sont arrivez ; au lieu que toutes
les autres n'ont que des fins humaines &
passagéres, & qu'elles ne nous peuvét donner aucun avantage au dessus de plusieurs
d'entre les Payens qui y ont esté plus sçavans que nous. Mais comme je sçavois,
MONSEIGNEVR, que les principes de
cette haute Philosophie ne se doivent pas
tirer des foibles lumiéres de l'esprit humain, & que nous ne les pouvons apprendre que de Dieu mesme, & de ceux qu'il a

bien voulu en instruire, j'ay souvent aban-
donné non seulement mes propres pensées,
mais aussi celles que je pouvois emprunter des Philosophes Payens, pour ne m'attacher qu'à celles de JESUS-CHRIST, &
des Saints Docteurs qui ont esté animez
de son esprit, & qui ont appris aux hommes ce qu'ils avoient appris de Dieu
mesme. Ainsi pour composer le corps de
cette Morale, j'ay recueilli autant que j'ay
pû les principalles maximes de l'Evangile, & les sentimens des Saints Peres, &
de ceux particulierement qui ont esté les
plus éclairez dans cette partie de la science Ecclesiastique, & que Dieu a donnez à
son Eglise pour l'en instruire. Mais parceque les exemples persuadent beaucoup
plus que les parolles, & qu'entre les exemples ceux que l'on tire des persónes illustres
ont infiniment plus de force que les autres

pour faire aimer la vertu, & pour en persuader la pratique, j'ay creu MONSEI-
GNEVR, que rien ne pouvoit plus contribuer à relever cet Ouvrage, & à le rendre propre à la fin à laquelle il est destiné,
que de le faire paroistre sous vostre Nom,
afin que tout le Monde vist d'abord dans
vostre Personne un modéle accompli des
vertus dont j'essaie de donner l'idée & de
proposer les regles. Il n'est pas besoin,
MONSEIGNEVR, pour en persuader le
monde de faire le dénombrement de toutes les grandes actions qui ont rendu vostre vie si glorieuse; il suffit de dire que vos
éminentes qualitez ont porté le plus ju-
dicieux de tous les Roys à vous confier ce
qu'il avoit de plus cher, & ce qui estoit
le plus important au bon-heur de ses peuples, qui est l'éducation de MONSEI-
GNEVR LE DAVPHIN. C'est un choix,

MONSEIGNEVR, *qui a fait admirer à toute la France la Sagesse de* SA MAJES-TE, *& dont personne n'a esté en peine de deviner les raisons. On a seulement considéré comme vn des plus rares bon-heurs de ce siecle, qu'vn merite extraordinaire comme le vostre ait trouvé vn Roy si éclairé pour le reconnoistre & le récompenser. C'est l'vnion de ces deux choses qui vous a élevé à cette importante place; & vous la possedez sans envie, parceque tout le monde est convaincu qu'elle ne pouvoit estre dignement remplie que par vn homme aussi consommé que vous dans la connoissance de tout ce qui est nécessaire à vn grand Prince, & aussi capable de le luy faire entrer dans l'esprit par ses instructions & par son exemple. Aussi,* MONSEIGNEVR, *l'on n'a pas esté long-temps sans voir les fruits de vostre sage conduite dans cét em-*

* ij

ploy ; & ce jeune Prince qui fait l'espérance de tant de peuples, n'a pas plustost esté entre vos mains, qu'il a fait paroistre tout ce que l'on pouvoit esperer
d'vn excellent naturel lors qu'il est culti-
vé par les soins & l'adresse d'vn excellent
gouverneur. Car l'on peut dire sans flat-
terie, que c'est à vostre prudence, & à l'application que vous y apportez qu'il faut
attribuer cette grande Docilité qui se trouve dans **MONSEIGNEVR LE DAV-
PHIN**, la belle inclination qu'il fait paroistre pour les Sciences & pour la Vertu,
la facilité & la bonne grace à dire toutes
les choses surprenantes qu'il sçait pour
son âge, le bon accueil qu'il fait des-ja
aux gens de Lettres, & l'Affabilité avec
la quelle il reçoit tout le monde. Ces com-
mencemens font l'estonnement & l'admiration de tous ceux qui en ont quelque

connoiſſance. Et pour moy , MONSEI-
GNEVR, je les trouve ſi au deſſus de ce
que je ſuis capable d'exprimer par mes parolles, qu'il ne me reſte que des vœux dans
le cœur pour ſouhaitter que vous puiſſiez
achever heureuſement ce grand Ouvrage
que vous avez ſi glorieuſement commen-
cé , afin qu'il ſoit vray de dire vn jour ,
que vous avez formé par vos ſoins vn
digne ſucceſſeur à LOUIS XIV, & que
vous avez ſceu donner par le moyen de
voſtre conduite vn ſage Politique à l'Eſtat, vn ferme appuy à la Religion , vn
illuſtre protecteur aux Lettres, & la fé-
licité entiére à toute la France. Ce ſont
les vœux & les ſouhaits de tout le monde, & particuliérement

MONSEIGNEVR

De voſtre tres-humble & tres-
obeïſſant ſerviteur J. DENIS.

APPROBATION DES DOCTEVRS.

NOUS soubs-signez Docteurs en Theologie de l'Vniversité de Paris; Certifions avoir leu ce Traitté de MORALE avec trés grande satisfaction, & l'avoir trouvé digne de la réputation & du mérite de son Autheur. Il n'a garde de rien contenir qui blesse les principes de la vraye Religion, puis qu'il marque tres-clairement les routes qui nous conduisent à la Vertu, & par la Vertu à la vie, dont la verité est la voye. C'est ce qui mérite justement à cette MORALE le nom que son Autheur luy donne de CHRESTIENNE, puisque comme toute Vertu, dont JESUS-CHRIST l'autheur & le consommateur de nostre Foy n'est point la fin & le principe, ne mérite pas le nom de Vertu: de mesme nulle Morale n'est digne d'estre appellée de ce nom, si elle n'est aussi Chrestienne que celle-cy. Donné à Paris le dixiéme Iuillet 1668.

J. BOURGEOIS Abbé de la Mercidieu.

J. BREYER Grand Vicaire de Monseigneur l'Evesque de Verdun.

TABLE
DES CHAPITRES.

SECONDE

SECONDE PARTIE

Où il est parlé des moyens que l'on doit mettre en usage pour acquerir la Beatitude. p. 73.

DISSERTATION PREMIERE.

Des Principes exterieurs des actions humaines. p. 76.

DISSERTATION SECONDE.

Des Principes naturels des actions humaines. p. 165

**

MORALE
CHRESTIENNE
PREFACE

*Où il est parlé de la necessité, & de
la Division de la Morale.*

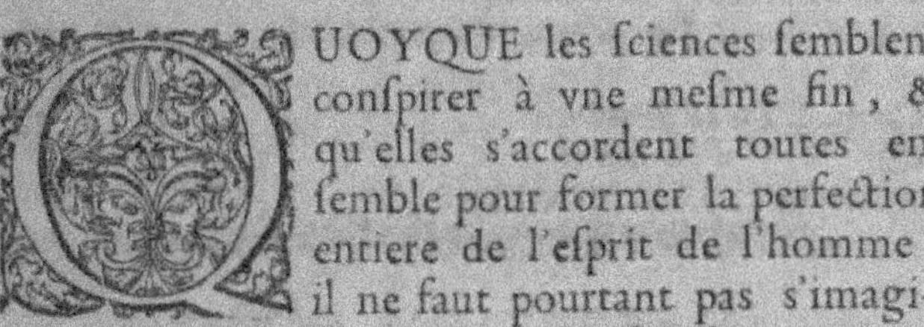

QUOYQUE les sciences semblent
conspirer à vne mesme fin, &
qu'elles s'accordent toutes ensemble pour former la perfection
entiere de l'esprit de l'homme :
il ne faut pourtant pas s'imagi-
ner qu'elles soient d'vne égale estenduë, & que
leurs recherches soient de la mesme importance.
Car il y en a dont les vsages sont bornez, & qui
ne servent qu'en de certaines occasions ; & d'autres qui s'estendent par tout, & qui sont absolument
necessaires dans tous les emplois de la vie. La Phy-

fique , la Metaphyfique , & les Mathematiques
mefmes font au nombre des premieres ; elles fem-
blent d'abord apporter à l'homme de tres grands a-
vantages en le faifant paffer des entrailles de la terre
jufqu'au deffus des corps celeftes pour luy développer les fecrets les plus cachez de la nature, &
la proportion de toutes les parties de l'Univers.
Mais aprés tout, pour ne rien dire de quantité de
recherches inutiles qu'elles renferment, leurs plus
belles & plus affurées connoiffances ne fervent
tout au plus que pour fatisfaire la curiofité de
l'homme; & dans le fonds, il n'y en a pas vne dont
on ne puiffe abfolument fe paffer. Car l'homme
n'eftant pas né pour mefurer des triangles, ny pour
rechercher fi le vuide eft poffible ou non dans la
nature, ny pour éxaminer les divers mouvemens
de la matiere, & quantité d'autres queftions fem-
blables; quand il auroit des idées fauffes ou veritables, claires ou obfcures de toutes ces chofes, il
n'en feroit pas pour cela ny plus heureux ny plus
malheureux, & pour en eftre vn peu plus ou moins
fçavant , il n'en feroit ny plus homme de bien , ny
plus meschant.

Il n'en eft pas de mefme de la Morale. Toutes
fes confidérations font de la derniere neceffité, &
il n'y a perfonne qui n'en puiffe recevoir de trés
grands avantages. L'homme eft né pour joüir vn
jour d'vn bonheur éternel ; & afin d'y pouvoir prétendre, il eft obligé d'eftre jufte & équitable dans
fes paroles, dans fes actions, & dans toutes les af-

faires dont il traite. Il faut qu'il faſſe choix d'vne
condition dont il puiſſe s'acquiter dignement,
qu'il éxamine les compagnies où il s'engage, qu'il
faſſe vn juſte diſcernement des perſonnes avec leſquelles il eſt obligé de vivre, & que dans tous les
différens employs de la vie où il ſe peut rencontrer, il ne s'eſcarte jamais de la bienſeance & de
l'honneſteté qui doivent accompagner les actions
vertueuſes. En vn mot, il n'y a perſonne qui puiſſe
ſe diſpenſer de ſe connoiſtre ſoy meſme, & de former des jugemens ſur les choſes qui luy ſont bonnes ou mauvaiſes, puiſque c'eſt par ces jugemens
qu'on doit conduire ſa vie, regler ſes actions, &
ſe rendre éternellement heureux ou malheureux.
Or il n'y a que la Morale qui puiſſe nous fournir
les idées qui ſont les véritables ſources de ces jugemens, & elle y eſt ſi abſolument néceſſaire, que ſi
quelqu'vn s'en trouve dépourveu, il ne manque
pas de commettre vne infinité de fautes dans la
vie civile, il fait des quereles injuſtes & des procez
mal-fondez, il ſe laiſſe aller à des avis pernicieux,
& il s'engage à toute ſorte d'entrepriſes mal con-
certées.

Il eſt donc de la derniere importance de s'eſtudier particulierement à corriger les fauſſes idées, que
l'on peut avoir du bien & du mal, afin de pouvoir
diſcerner les véritables Vertus d'avec celles qui n'en
ont que le nom & les apparences ; & c'eſt à quoy
nous deſtinons toutes les conſidérations de cette
Morale Chreſtienne, comme on le verra facilement

** iij

par la Diviſion que nous en allons faire apres avoir dit vn mot de ſa Definition.

La Morale eſtant l'art de bien vivre, ou la ſcience qui doit régler les mœurs, il faut qu'elle renferme en elle meſme toutes les regles qui ſont néceſſaires pour nous inſpirer l'amour de la Vertu, & l'averſion du vice; il faut meſme qu'elle s'accorde avec les principes du Chriſtianiſme, ou autrement elle eſt indigne de ce beau nom qu'on luy donne. Et comme nous eſperons que tous ces avantages ſe trouveront dans celle-cy, nous avons voulu luy donner pour ce ſujet le titre de MORALE CHRESTIENNE.

Noſtre deſſein n'eſt donc pas en entreprenant cét ouvrage de nous attacher enticerement à ces grands Philoſophes qui ont paru dans l'antiquité; & nous ne prétendons pas en demeurer aux maximes de leur Morale toute humaine & toute payenne, qui n'eſtant éclairée que par les lumieres de la raiſon, ne tendoit qu'à faire menner à l'homme vne vie honneſte, & ſe bornoit ſeulement à luy faire pratiquer quelques actions exterieures de Vertu, qui n'avoient qu'vne fin temporelle & humaine. Car puiſque nous avons l'avantage d'eſtre Chreſtiens, & que la lumiere de l'Evangile a diſſipé les ténebres du Paganiſme, nous ſommes obligez de nous conduire par la foy qui eſt bien plus certaine & plus aſſurée que la raiſon; & la fin que nous devons nous propoſer dans nos actions doit eſtre bien plus noble & plus relevée, puiſqu'elle eſt toutafait au-deſſus de la nature, & que c'eſt Dieu meſme, & la vie éternelle. C'eſt auſſi pourquoy il a fallu que le Fils de Dieu ſoit luy meſme deſcendu du Ciel en terre pour nous apprendre les maximes de cette Philoſophie toute ſainte & toute divine, & pour nous mériter la grace de les mettre en pratique.

Nous pourrons donc tirer des Payens quelques ſombres lumieres, & quelques foibles inſtructions pour la conduite de la vie humaine: mais c'eſt particulierement dans l'Evangile qui eſt la regle de nos mœurs, & dans les Saints Peres de l'Egliſe qui en ſont les fidelles interpretes, qu'il nous faudra puiſer les véritables maximes de la Morale Chreſtienne.

Et il ne faut pas s'imaginer que ce ſoit icy vne ſcience qui ſe propoſe ſimplement de nous remplir l'eſprit de belles idées & de maximes purement ſpéculatives; car au contraire puiſqu'elle doit eſtre la regle de nos mœurs, nous ſommes obligez de la ſuivre, & de mettre en pratique ce qu'elle nous apprend, nous ſouvenans touſjours de cette eſtroyable menace de JESUS-CHRIST, *qu'vn ſerviteur qui connoiſt la volonté de ſon Maiſtre, & ne la pratique pas, ſera traité avec beaucoup de rigueur & de ſévérité.*

Scienti bonum facere, & non facienti peccatum est illi *Jacob.* 4. Servus qui cognovit voluntatem Domini ſui, & nó fecit ſecundùm voluntatem ejus, vapulabit multis. *Lucæ* 12.

Pour ce qui eſt de l'ordre, ou de la méthode que nous devons garder dans cette ſcience, elle ſera aſſez ſimple & facile; car la Morale ayant pour but de nous conduire à la jouïſſance du véritable bonheur, & de nous faire voir l'extrême importance qu'il y

a de fuir le mal, & de mettre en vſage la connoiſſance du bien que l'Autheur de la nature a imprimée dans nos Ames; elle doit s'occuper d'abord à
nous fortifier dans la connoiſſance du ſouverain
bien, & nous le propoſer comme la fin derniere à
laquelle nous devons tendre dans toutes nos actiós;
& enſuite elle nous doit inſtruire des moyens dont
nous devons nous ſervir pour arriver à ſa poſſeſſion.
C'eſt pourquoy comme toutes les conſidérations
de la Morale ſe rapportent ou à la fin ou aux moyens, nous pouvons fort bien la diviſer en deux parties, dont la premiere traitera du ſouverain bien,
& de la derniere fin des actions humaines : & la
ſeconde éxaminera tout ce qui a quelque rapport à
cette fin, comme ſont par éxemple les moyens
qu'il faut mettre en vſage pour l'obtenir.

PREMIERE PARTIE
DE LA MORALE

Où il est parlé de la Beatitude.

I nous voulons consulter les inclinations de nos Cœurs, nous reconnoistrons sans doute qu'elles se portent continuellement vers la Beatitude, & que c'est la fin que nous nous proposons dans toutes nos actions particulieres, puisque nous avons toûjours en veüe d'estre heureux, & que cette pensée ne nous quitte jamais.

Mais comme il est impossible que nous recherchions aucune fin, & que nostre volonté se determine à la poursuivre, si l'Esprit ne nous la represente auparavant sous les apparences de quelque bien; il semble que pour bien entendre ce que nous avons à dire de la Beatitude dans cette premiere partie, nous soyons obligez de dire auparavant quelque chose du bien en general, & d'expliquer comment vne fin peut devenir le principe de toutes nos actions. C'est aussi ce que nous allons faire dans les deux dissertations suivantes.

Beatos esse se velle omnes in corde suo vident, tantaq; est in hac re naturæ humanæ conspiratio, ut non fallatur homo qui hoc ex animo suo, de animo conjicit alieno. *Aug. lib. 13. de Trinit. cap. 20.*

A

DISSERTATION PREMIERE.
DU BIEN EN GENERAL.

ON peut avoir quelque connoissance du bien en deux façons, à sçavoir ou en luy même, ou par le rapport qu'il a à vne autre chose.

Le Bien consideré en luy même, signifie vne chose parfaite & accomplie en soy; Comme par exemple lors qu'on dit que Dieu est bon, que de l'or est bon.

Le Bien consideré par rapport à vne autre chose signifie ce qui luy est propre & convenable pour sa plus grande perfection. Ainsi par exemple le vin est bon pour vne personne qui se porte bien, & non pas pour vn malade ; le pain est bon pour vne personne qui a faim, &c.

Le Bien consideré en la premiere maniere peut estre appellé vn bien absolu, & en la seconde on peut l'appeller vn bien relatif. Où il faut remarquer que quoy que le bien absolu precede le relatif, puis-qu'vne chose doit estre parfaite en soy avant que de pouvoir perfectionner les autres : neanmoins nous ne devons parler dans la Morale que de ce dernier ; & laissant aux autres sciences à examiner la nature & les perfections absoluës de chaque chose, nous ne les devons considerer icy que par rapport à nous mêmes, c'est à dire entant qu'elles peuvent nous rendre heureux, ou nous servir de moyens pour arriver à la Beatitude.

Cette remarque estant supposée, il ne sera pas difficile d'entendre les descriptions & les divisions du bien, que nous allons toucher dans les 2 chapitres suivans.

CHAPITRE PREMIER.

DE LA NATURE DV BIEN,

Où il est expliqué si la volonté ne peut point se porter au mal, & le rechercher comme elle fait le bien.

LA premiere description qu'on fait ordinaire-ment du bien est celle-cy. *Le bien est ce qui est convenable à quelque chose.* Ainsi la prudence est le bien de l'homme, l'eau est le bien des poissons.

La seconde se trouve dans Saint Denys, qui dit que *le bien est ce qui demande à se communiquer & à se répandre.* D'où il s'ensuit que plus vn bien est grand, plus il se communique, parce que l'epanchement est vne marque de sa plenitude & de son abondan-ce & par consequent de sa perfection; c'est pour-quoy Dieu est le souverain de tous les biens, puis-qu'il en est la source & le premier Principe.

On pourroit dire que cette description convient au mal autant qu'au bien, & que par consequent elle n'est pas recevable. Car en effet y a-t'il rien, par exemple, qui se communique d'avantage que la peste, qui doit pourtant passer pour vn tres grand mal, puisqu'elle oste la vie qui est le plus grand bien qu'on puisse posseder au monde?

Mais à cela je réponds qu'il y a bien de la diffe-rence entre la communication d'vn bien, & la com-munication d'vn mal; car au lieu que le bien per-fectionne le sujet auquel il se communique, & qu'il luy apporte toû-jours quelque avantage: le mal au-

A ij

Bonum dicitur quod conueniens est.

Bonum est id quod est sui diffusiuum.

contraire le détruit entierement, ou luy fait perdre quelque perfection qu'il possedoit ; de sorte que
comme le mal n'est que la privation du bien, l'on
ne doit pas proprement dire de luy qu'il se communique, & qu'il apporte quelque chose de réel
à son sujet, mais l'on doit seulement dire qu'il se
corromp, & qu'il luy fait perdre le bien auquel il
est opposé. Ainsi, par exemple, la peste & les vio-
lentes maladies détruisent la santé, affoiblissent le
corps, & le font enfin mourir.

La troisiéme description du bien est rapportée
par Aristote au liure premier de sa Morale, où il dit
que *le bien*, suivant la pensée de tous les Anciens,
est ce que toutes choses desirent. Si l'on veut entendre
cette description de quelque bien en particulier,
il est évident qu'il n'y a que Dieu seul à qui elle
puisse convenir, puisqu'il n'y a que luy seul qui
soit la fin de toutes choses, comme il en est aussi
le premier principe.

Et l'on ne pourroit pas prouver le contraire en disant que les méchans haïssent Dieu, & s'éloignent de
luy autant qu'il leur est possible, suivant ce qu'ils
luy disent dans le Prophete Job, *retirez-vous de nous,
nous n'avons que faire de la science de vos voyes.*

Car il est bien vray que les méchans n'ayment
pas Dieu dans ses effets, c'est à dire dans les justes
châtimens qu'il exerce contre eux par son equita-
ble Justice : mais il est impossible qu'ils l'haïssent
en luy même, puisqu'il est sous cette consideration la
source de leur Estre & de leur vie qu'ils ayment naturellement, & dont par consequent ils ne sçauroient
s'empescher d'aymer l'Autheur.

*Bonum est id
quod omnia ap-
petunt. Arist. l. 1.
Moral. c. 1.*

*Recede à nobis
viam mandato-
rum tuorum no-
lumus.*

Mais on peut étendre facilement cette description à toutes fortes de biens ; & pour lors quand
on dira que *le bien eſt ce que toutes choſes deſirent*, il
ne faudra pas penſer que toutes choſes deſirent le
même bien ; car les inclinations differentes des
Hommes marquent aſſez qu'il n'y a point de bien
en particulier, où ils rapportent tous leurs deſirs ;
les vns recherchans les biens & les richeſſes, les
autres l'honneur & la puiſſance, d'autres le plaiſir
& la volupté, d'autres la vertu & la ſcience, &c.
Mais cela ſignifiera ſeulement qu'il n'y a aucune
choſe au Monde qui ne deſire & ne recherche ſon
propre bien : Ainſi quoy que les Hommes ſe portent à des objets fort differens ; neanmoins il eſt
vray de dire qu'ils y recherchent tous vne même
choſe, à ſçavoir quelque bien & quelque perfection
qu'ils eſperent y rencontrer.

Cette derniere explication donne lieu aux Philoſophes d'examiner s'il eſt vray que la volonté
de l'Homme ſe porte de telle ſorte au bien, qu'il
ſoit impoſſible qu'elle ſe porte jamais au mal &
qu'elle l'ayme quand l'eſprit s'apperçoit que c'eſt
vn mal.

Mais cette queſtion ne ſera pas difficile à ré-
ſoudre, quand on aura bien remarqué la difference qu'il y a entre le bien ſolide & veritable, & celuy qui n'en a que les apparences. Car ſi d'un coſté
l'experience nous fait voir que la volonté quitte
ſouvent le bien veritable ſoit par le peu de lumiere de l'eſprit qui la conduit, ſoit par l'effort & la
violence de la paſſion qui l'entraiſne & qui l'em-

A iij

porte: la raison nous conuainq d'ailleurs que nous ne recherchons jamais vn mal qu'entant qu'il nous est caché sous les trôpeuses apparences de quelque bien.

Car de même que la veuë ne sçauroit voir ce qui n'est pas visible, ny l'entendement conçevoir ce qui n'est pas intelligible ; Ainsi la volonté ne sçauroit aymer ce qui n'est pas aymable, & ce qui ne luy convient pas : Or le mal consideré en tant que mal n'a rien en soy d'aymable qui puisse exciter la volonté à le rechercher ; au contraire il luy donne toû-jours de l'aversion & la porte à le fuïr: Et par consequent s'il arrive que nous nous proposions quelques fois vne fin mauvaise dans nos actions, c'est sans doute parceque nous esperons y rencontrer quelque bien, & que nous nous laissons tromper par de fausses apparences.

Par exemple, l'ors qu'vn homme s'abandonne à ses plaisirs; lorsqu'il recherche la mort de son ennemy, ou qu'il a dessein de se la procurer à soy-même, il paroist bien d'abord qu'il se porte effectivement à vn mal, & qu'il engage son ame par ces pechez à des suplices eternels. Mais si l'on vient à faire reflexion sur ce qui se passe dans le fond de son cœur, & que l'on examine quel est le principe qui le fait agir; on auouëra sans difficulté qu'il ne recherche le plaisir qu'en tant qu'il est agreable au sens, & qu'il ne desire se vanger par la mort de son ennemy qu'entant qu'il en espere quelque satisfaction particuliere, & enfin qu'il ne se souhaite la mort à soy-même que parce qu'il se propose d'y trouver la fin de tous les maux, & de toutes les

Nemo intendens in malum operatur. *S. Dionys. c. 4. de diuinis nominibus*

Nequidem ipse Catilina amavit facinora sua, sed utique aliud, cujus gratia illa faciebat. *S. Aug. l. 2. Confeß. c. 4.*

miseres dont sa vie est traversée. Ce qui luy semble estre en effet vn tres grand bien.

Quoy que cette remarque pût suffire pour respondre à toutes les objections que l'on peut faire sur cette matiere : Neanmoins il reste encore quelque difficulté touchant les pechez de pure malice, que quelques-vns disent estre ainsi appellez, parce que ceux qui les commettent n'y recherchent aucune apparence de bien, & qu'ils se portent au mal consideré comme mal.

Mais cette difficulté ne vient que de ce qu'on ne sçait pas assez la veritable difference qu'il y a entre les pechez de pure malice, & ceux qui se commettent par foiblesse, ou par ignorance ; c'est pourquoy pour plus grand éclaircissement nous devons remarquer icy avec les Theologiens que le peché de foiblesse consiste en ce que la violence de la passion nous fait succomber aux tentations : Que le peché d'ignorance se fait lorsque l'on agit contre quelque loy ou contre quelque commandement dont on n'a pas la connoissance : & enfin que le peché de malice est proprement celuy que l'on commet de propos deliberé contre vn commandement, dont on a vne parfaite & entiere connoissance, & sans que la passion y contribuë, comme par exemple quand vn homme tuë son ennemy de sang froid. Or quoy que dans cette derniere sorte de pechez l'on se porte au mal de propos deliberé, neanmoins on s'y propose toû-jours quelque apparence de bien, soit vtile, soit agreable, comme par exemple vne sotte vanité de pecher plus hardiment, la conservation de ses interefts, le plaifir de fe vanger, ou comme dit Saint Auguftin de luy méme , vne lâche complaifance qu'ont fouvent lesjeunes gens qui leur fait avoir de la honte de n'eftre pas auffi impudens & auffi emportez que leurs compagnons.

Pudet non efſe impudétem, cum dicitur eamus. Aug. l. 4. Confeſſ.

CHAPITRE SECOND.

DE LA DIVISION DU BIEN.

ON peut faire quatre divifions du Bien. Premierement on le divife en celuy qui eft bien par fon Effence, & en celuy qui ne l'eft que par participation. Le bien par Effence eft celuy qui a toutes fes perfections de foy même fans aucune dependance, comme au contraire le bien par participation eft celuy qui reçoit fes perfections de quelque caufe eftrangere; d'où il s'enfuit qu'il n'y a que Dieu feul qui foit bon par Effence, au lieu que toutes les Creatures le font par participation.

Nemo bonus niſi ſolus Deus, S. Luc.

2. Le Bien fe divife en Tranfcendant, Naturel, & Moral. Le Tranfcendant eft vne perfection qui convient à vne chofe entant qu'elle eft vn Eftre, & c'eft en ce fens que l'Efcriture dit que toutes chofes font bonnes. Le bien Naturel ou Phyfique eft vne perfection qui fuit la Nature & l'Effence de chaque chofe, & en ce fens l'on dit que la chaleur eft bonne au feu , & la froideur à la glace. Enfin le bien Moral eft vne perfection qui ne convient à l'homme qu'entant qu'il eft libre & raifonnable,

Vidit Deus cuncta quæ fecerat, & erant valde bona. Geneſ. c. 1.

comme

comme sont par exemple toutes les actions vertueuses.

3. Le Bien consideré par rapport à l'homme est
ou interieur, ou exterieur. L'interieur appartient
ou à l'esprit, comme par exemple les Sciences & les
Arts ; ou au corps, comme la santé & la beauté.
L'exterieur comprend les biens de la fortune, les
honneurs, les amis, la puissance, &c.

Enfin le Bien est ou vtile, ou agreable, ou honneste.

L'on appelle vn bien vtile celuy qu'on ne recherche pas pour l'amour de luy, mais qui nous
sert comme d'vn moyen pour en acquerir vn autre; Ainsi vne saignée & vne medecine qui nous
font reparer la santé, sont des biens vtils.

L'on appelle vn bien agreable celuy qui plaist
aux sens, comme par exemple d'Excellent vin, vne
viande fort exquise, &c.

L'on appelle enfin vn bien honneste celuy
qui est bon en soy-méme, & qui est conforme à
la raison, comme par exemple la vertu ou la
science.

Quoy que cette division du bien soit fort ordinaire, il ne faut pourtant pas s'imaginer qu'elle soit
si exacte que tous les membres soient parfaitement
opposez, & que l'vn ne puisse compatir avec l'autre.
Au contraire il y a tant de rapport entre l'Vtile, l'A-
greable, & l'Honneste, que les Payens méme ont
esté contraints de reconnoistre qu'il n'y avoit point
de bien vrayment vtile ou agreable, qui ne fust aussi
honneste en méme temps. Et les Chrestiens qui

Nunquam igitur est vtile peccare, quia semper est turpe; & quia semper est honestum virumbonum esse, semper est vtile. Cicero lib. 3. de offic.

doivent bien examiner les choses dans vne autre
veuë, feront facilement réflexion que si quelqu'vn,
par exemple, ne recherche que le seul plaisir dans
ses actions, il engage le salut de son ame pour vne
petite satisfaction corporelle, & ainsi dans ce miserable eschange il perd vn bien incomparablement
plus grand que n'est le plaisir passager qu'il en prétend reçevoir. C'est pourquoy quelques Peres ont dit
fort à propos que l'on devoit comparer ce profit imaginaire que fait le pecheur, au profit que seroit vn
homme en changeant des pierres prétieuses contre
de petits morceaux de verre, ou des perles fines
contre des fetus de paille.

Quid prodest ho-
mini si vniver-
sum mundum lu-
cretur, animæ ve-
rò suæ detrimen-
tum patiatur?
Matth. c. 26.

DISSERTATION SECONDE.

DE LA FIN.

CHAQUE chose est bonne en elle même : mais
chaque chose bonne n'est pas toûjours vne
fin. C'est pourquoy apres avoir parlé du Bien, il
semble que nous devions adjouster quelque chose de la fin en general, & examiner quelques questions que l'on propose ordinairement pour découvrir quelle est la veritable fin derniere, à laquelle l'homme doit rapporter toutes ses actions.
C'est ce que nous allons faire dans les cinq chapitres suivans.

CHAPITRE PREMIER
DE LA NATURE, ET DE LA DIVISION DE LA FIN.

L'ON appelle *Fin* ce qui nous fait agir, ou ce pour l'amour dequoy nous faisons quelque chose; ainsi la santé est la fin d'vn malade, par ce que c'est elle qui luy fait prendre des remedes ; la vaine-gloire est la fin d'vn ambitieux qui donne l'aumosne, par ce qu'il ne pretend autre chose que d'estre veu & estimé des hommes.

Dans toute action on y peut distinguer la fin de l'action méme, & la fin de celuy qui fait l'action; ou comme disent quelques vns, la fin de l'art, & la fin de l'ouvrier; Car le Peintre, par exemple, se propose assez souvent vne fin fort differente de celle où sa profession est ordonnée; la Peinture n'a point d'autre but que de réprésenter visvement les traits de la Nature, au lieu que le Peintre prétend quelques fois y amasser de l'argent, ou s'acquerir de la reputation.

Il y a des fins dernieres & esloignées, ausquelles vn Agent rapporte toutes ses actions; & des fins moyennes & prochaines, ausquelles il n'en rapporte qu'vne partie.

Il y a aussi des fins principalles, qui sont celles que l'on regarde principalement; & des fins accessoires, qu'on ne considere que par surcroist.

Enfin ce que l'on prétend faire ou obtenir, est appellé par les Philosophes *finis cujus gratia*, ainsi la santé est la fin de la Medecine, parce qu'elle pré-

Ut honorificentur & vt videantur ab hominibus *Math. c. 6,*

tend la procurer. Et celuy pour qui l'on travaille
est appellé *finis cui*, l'Homme est la fin de la Medecine en cette maniere, parce que c'est à luy qu'elle
a dessein d'apporter la guérison.

CHAPITRE SECOND

OU L'ON EXAMINE S'IL EST VRAY QUE
TOVTES CHOSES AGISSENT POVR VNE FIN.

AVANT que de rien determiner sur cette matiere, il est bon de sçavoir ce que c'est proprement que d'agir pour vne fin, & quelles conditions sont necessaires dans celuy qui s'en propose
vne en quelque action ; car cela estant bien expliqué, nous n'aurons pas de peine à decider cette
question qui fait tant de disputes parmy les Philosophes.

Il faut donc remarquer qu'il est impossible de se
proposer vne fin dans quelque action sans y faire
auparavant plusieurs réflexions. Car il faut connoistre la chose que l'on recherche, non seulement en
soy; mais il la faut encore connoistre par rapport à
nous mémes, & juger qu'elle nous est propre & convenable, puisque selon ce que nous avons dit dans
la Dissertation precedente, l'on ne peut se porter à vn
objet que sous les apparences de quelque bien : Il
faut de plus connoistre non seulement la nature
des moyens dont l'on se sert, mais aussi la proportion qu'ils ont avec la fin qu'on se propose, afin
que les ayant tous comparés ensemble, l'on puisse

se determiner à faire choix de l'vn plustot que de l'autre.

D'où il faut inferer que pour agir proprement pour vne fin,ce n'est pas assez de prendre quelques moyens qui conduisent à cette fin, comme fait par exemple vne pierre qui prend toû-jours le droit che-min pour arriver au centre de la Terre: Mais il faut se determiner soy-méme, & par sa propre connois-sance : autrement ce n'est pas agir pour vne fin, mais c'est plûtot y estre conduit & emporté par vn autre.

Ce qui estant présupposé, l'on voit assez que c'est sans fondement que quelques Philosophes attri-buent indifferemment à toutes choses d'agir pour vne fin; & est il evident que l'on doit avoir des senti-mens bien differens des agens qui se conduisent par les lumieres de la raison, & de ceux qui sont privez de vie ou de raison.

Car pour ce qui est des Agens raisonnables & in-telligens. Puisqu'ils peuvent se conduire par leur propre lumiere, & qu'ils sont capables de deliberer sur le choix qu'ils ont à faire; il n'y a aucune raison qui nous empesche de conclure qu'ils agissent tous proprement pour vne fin dans chaque action. Neanmoins il faut éclaircir d'avantage cette verité, en répondant à quelques objections que l'on peut faire pour la combatre.

On dit premierement que nous devrions excep-ter *Dieu* de nostre proposition generale; parce que celuy qui agit pour vne fin,en depend en quelque maniere & en reçoit sa determination: Or Dieu estãt le premier Estre il est tout à fait independant.

Cette objection auroit en effet quelque lieu, si nous voulions soûtenir que Dieu se proposast dans ses actions vne fin exterieure, & qui fût distinguée de luy méme. Mais nous sommes fort éloignez de ce sentiment, & nous sommes assez convaincus par l'Escriture, que Dieu agit toû-jours pour luy méme, & pour sa gloire dans toutes ses actions exterieures qu'il fait à l'égard des Creatures. Ainsi il a fait parestre sa toute puissance en créant le Monde de rien, il monstre sa Sagesse en le conservant, il fait éclater la grandeur de sa Misericorde en justifiant les pécheurs & en les comblant de gloire, & la severité de sa Justice en condannant les meschans à des supplices eternels. Ce qui n'est point contraire à son independance.

Omnia propter semetipsum operatus est Dominus. Proverb. c. 16

On dit en second lieu que suivant les conditions que nous avons dit estre necessaires dans vn agent pour pouvoir dire proprement de luy qu'il agit pour vne fin, il s'ensuit que l'homme méme n'a pas cette prérogative, puisqu'il semble qu'il ne se determine pas soy méme, & qu'au contraire il est determiné de Dieu & porté à sa fin, selon ce que dit l'Apostre que *Dieu nous donne de vouloir & d'agir*, & que *ceux la seulement sont les veritables enfans de Dieu, lesquels sont emportez par son Esprit.*

Dat velle & operari. Philipp. 1. Quotquot spiritu Dei aguntur, hi sunt filij Dei. Rom. 8.

Pour répondre à cette difficulté, il faut demeurer d'accord qu'il y a en effet vne subordination toute entiere de la volonté de l'homme à celle de Dieu, & que, comme dit le Sage, nos inclinatiós sont entre ses mains ainsi que les tuyaux d'vne fontaine sont entre

Cor regis in manu Domini sicut divisiones aquarum, & quocumque voluerit flectet illud Prov. 21.

celles d'vn fontenier pour les conduire où il luy plaist. Il faut aoüer qu'il n'y a point de resistance si grande qu'il ne puisse surmonter par les efforts de la grace victorieuse, & qu'il ny a point de dureté de cœur qu'il ne puisse enfin amolir par la douce rosée qu'y distile sa misericorde. Mais tout cela n'empesche aucunement la liberté de l'Homme, il ne laisse pas de se determiner soy-même, d'estre maistre de ses actions, & d'agir de son propre mouvement pour la fin qui luy paroist convenable; je dis même apres S. Augustin qu'il n'est jamais plus libre & qu'il ne se porte jamais avec tant d'inclination vers vn objet, que lors qu'il y est poussé par de plus puissans traits de la grace, & qu'il ressent en soy-méme des mouvemens plus violens qui l'emportent à entreprendre tout ce qui est suivant la volonté de son divin Maistre.

Voluntas libera tantò erit liberior quò sanior, tantò autem sanior quàtò divinæ gratiæ misericordiæque subjectior, *Aug.* *Ep.* 89.

C'est de cette maniere qu'en parlent tous les Peres de l'Eglise; & comme S. Augustin, entr'autres, s'est expliqué assez clairement sur le passage de S. Paul qui semble avoir donné lieu à l'objection que nous examinons presentement, je crois qu'il sera bon de rapporter icy ses propres termes, afin d'en demeurer à la solution qu'il en donne. *Quelques-vns pourront demander (dit ce Pere) à quoy bon nous prescher & nous commander d'embrasser le bien & d'éviter le mal, si ce n'est pas nous qui agissons, mais que ce soit Dieu qui nous donne & la volonté d'agir & l'action même? Mais qu'ils n'abusent pas ainsi des paroles de l'Apostre, adjouste-t'il, & s'ils sont de veritables enfans de Dieu, qu'ils se persuadent plustot que quand Dieu agit sur leurs volontez, ce n'est que pour leur faire faire ce qu'ils*

Ut quid nobis præcipitur atque prædicatur, vt recedamus à malo & declinemus, ac faciamus bonum, si id non agimus, sed velle & operari Deus operatur in nobis? Potius intelligãt, si filij Dei sunt, se agi vt quod agendum est agant, & postquã egerint, illi à quo aguntur

gratias agant, a-
guntur enim vt
agant, non vt ipſi
nihil agant. *Aug.*
l. de corr. & grat
c. 2.

ſont obligez de faire, *&* afin que quand ils l'auront fait,
ils en puiſſent remercier celuy qui leur donne la grace de le
faire; car ils ſont pouſſez pour agir, *&* non pas pour ne
point agir.

Voyla ce qu'on peut dire des agens raiſonnables,
voyons maintenant ce qu'on doit penſer de ceux
qui ne ſont point conduits par la raiſon.

Il eſt evident que les conditions qui ſont neceſſaires pour ſe pouvoir propoſer vne fin dans quelque action, ne ſe rencontrent aucunement dans les
Beſtes. Car puiſque nous ſuppoſons qu'elles n'ont
point de raiſon, & que nous ne leur accordons que
la ſeule connoiſſance des ſens ; nous devons dire
avec S. Auguſtin qu'il eſt impoſſible qu'elles connoiſſent que la choſe à laquelle elles tendent eſt
leur fin, & qu'elles ſe determinent à faire choix des
moyens qui ont plus de proportion avec cette fin,
parce qu'il faut faire pour cela pluſieurs réflexions
dont des cauſes purement materielles ſont abſolument incapables.

De ſorte que pour prouver le contraire de ce
que la veritable Philoſophie nous enſeigne, il faudroit auparavant prouver que les Beſtes ſont raiſonnables, qu'elles connoiſſent avec réflexion, qu'elles ſont libres, & qu'elles ſe determinent elles mémes à agir. Mais c'eſt dans la Phyſique où nous devons examiner à fonds cette queſtion, & où nous
devons rechercher la veritable difference qui ſe
trouve entre l'ame des hommes & celle des Beſtes.

Scire quò quid-
que referendum
ſit non datum eſt
rationis experti-
bus, ſed neque ip-
ſis rationalibus
ſtultis. *Aug. l. 83.*
quæſt. q. 2;.

Mais parce que nous n'eſperont point qu'on puiſſe
alleguer

alleguer de preuves qui soient capables de nous porter à croire que les Bestes agissent par raison , &
qu'elles possedent vne prérogative, qui fait considerer l'Homme comme vne visve image & comme
vne ressemblance de la Divinité , nous concluërons
que les Bestes n'agissent jamais, à proprement parler,
pour vne fin; mais que comme dit S. Damascene,
elles y sont plustot emportées par la nature, qu'elles ne s'y portent elles mêmes.

Il ne serviroit de rien de rapporter icy plusieurs
actions des Bestes, où il semble qu'on peut découvrir
quelque estincelle de raison ; comme par exemple
l'adresse que font paroistre les araignées à faire des
toiles si delicates; la préuoyance apparente des four-
mis à serrer du bled durant l'Esté dans leurs petits
greniers sous-terrains, pour avoir dequoy subsister
durant l'hyver , & leur prudence même à en oster
le germe de peur que l'humidité ne le gaste.

Car s'il estoit permis d'inferer de là qu'il y a de
la raison dans les Bestes ; on pourroit aussi prouver par vn semblable raisonnement qu'il y en a dans
les plantes & dans les horloges même, où l'on peut
admirer vne infinité de mouvemens surprenans, qui
s'y font avec toute la regularité imaginable.

Il faut bien plustot dire que tout ce qui nous
paroist d'extraordinaire dans les actions des creatures irraisonnables, ne vient que de ce que celuy qui
les conduit à leur fin, est tout ensemble infiniment
sage & puissant; & c'est aussi pour cette raison que
ces Creatures vont toû-jours tout droit à leur fin,

C

& qu'elles ne font pas fi fujettes à fe tromper, & à
s'égarer que l'Homme méme.

Si l'on ne peut pas dire que les Beftes agiffent proprement pour vne fin, il eft encore moins fuppor-
table de le dire des chofes inanimées, comme font
quelques Philofophes, lorfqu'ils avancent que l'eau
monte dans vne pompe, ou dans vne feringue par
vn horreur qu'elle a du vuide, qu'vne pierre def-
cend en bas par vn amour qu'elle a d'arriver au centre de la Terre, & plufieurs autres chofes fembla-
bles qui ne doivent jamais fe trouver dans l'efprit
ny dans la bouche d'vn veritable Philofophe.

CHAPITRE TROISIE'ME

DE LA FIN DERNIERE DE L'HOMME.

SI nous ne voulons point aller jufques à l'infiny,
il faut neceffairement que nous reconnoiffions
vne fin derniere qui foit capable de borner tous nos
defirs, & à laquelle nous devions rapporter toutes
nos entreprifes : Or il eft evident qu'il n'y a que
Dieu feul qui puiffe eftre, comme il le dit luy méme, le premier principe & la derniere fin de toutes
chofes: & parconfequent, s'il nous arrive quelquesfois de nous arrefter aux Creatures, ce ne doit eftre
qu'entant qu'elles nous fervent de moyens pour
nous conduire à Dieu qui eft noftre veritable bon-
heur. En effet tout le monde voit affez qu'entre-
autres qualitez que la fin derniere doit avoir, il
faut qu'elle rempliffe & fatisfaffe tellement noftre

volonté, que nous trouvions vn repos parfait dans
ſa poſſeſſion. Or il n'y a que Dieu qui poſſede cette
qualité, & qui ſoit capable de remplir entierement
le cœur de l'Homme : ce qui faiſoit dire à S. Auguſtin ces belles paroles, *vous nous avez fait, ô mon
Dieu, pour jouïr de vous, & noſtre cœur eſt toû-jours
dans le mouvement & dans l'agitation juſqu'à ce qu'il ſe
repoſe en vous.*

Saint Fulgence en rapporte cette belle raiſon.
L'Homme, dit-il, *tient comme le milieu du Monde eſtant
placé entre Dieu & les Creatures ; c'eſt pourquoy il s'éleve
heureuſement quand il tend à Dieu, qui eſt ſeul capable de
le perfectionner: Comme au contraire il ſe nuit & ſe perd
miſerablement, quand il s'attache aux Creatures, & qu'il
les conſidere comme ſa fin, puiſqu'il faut pour cela qu'il ſe
rabaiſſe au deſſous de luy même, & qu'il quitte la place
où Dieu l'a mis.*

On peut tirer de cette doctrine de fort belles con-
ſequences pour la Pratique ; car Dieu eſtant comme il eſt noſtre derniere fin, il s'enſuit premierement que nous devons taſcher de plus en plus de
le connoiſtre ; puiſque c'eſt de là que depend tout
noſtre bon-heur, *eſtant impoſſible,* dit Saint Bernard
au ſermon 37. ſur les Cantiques, *de l'aymer ſi on ne
le connoiſt, ou de le poſſeder jamais ſi on ne l'ayme pas.*

2. Il s'enſuit qu'il y faut tendre continuellement,
comme vn voyageur, & vn piſote taſchent toû-jours
de s'avancer vers le lieu où ils ont deſſein d'aller.

3. Comme vn voyageur a non ſeulement vn deſſein general d'arriver au lieu qu'il ſe propoſe pour
ſa fin, mais qu'autant de pas & de démarches qu'il

Notes marginales:

Feciſti nos Domi-
ne ad te, & irre-
quietum eſt cor
noſtrum, donec ad
te perveniat.
S. Aug.
Voluntas rationa-
lis creaturæ, quæ
inter ſummū bo-
num à quo creata
eſt & infimum bo-
num cui prælata
eſt, in medio quo-
dam loco poſita
eſt, profecto aut
in infimo bono
neceſſe eſt miſe-
rabiliter jaceat,
aut in ſummo bo-
no fæliciter vera-
citerq, conquieſ-
cat, *S. Fulgent. l. 1.
ad monim. c. 18.*

Nec enim potes
aut amare quem
neſcis, aut habere
quem non ama-
veris. *S. Bern.*

fait, sont comme autant d'avances vers elle ; ainsi
il ne suffit pas de tendre en general vers la derniere
fin, mais il y faut aussi tendre dans chaque action
particuliere. Et c'est ce qui s'appelle *avoir toû-jours
droitte intention.*

Or cette droiture d'intention (en laquelle consiste la beauté de l'ame, comme celle du corps consiste dans ses traits & ses lineamens) doit avoir deux
choses, dit Saint Bernard, à sçauoir l'action de la
vertu, & le bon motif avec laquelle on la fait.
Ainsi, adjouste ce Pere, c'est vne bonne action de
rechercher la verité, pourveu que ce soit pour l'a-
mour d'elle méme, car ç'en est vne tres mauvaise
de le faire par vn principe de vanité, ou d'avarice.

CHAPITRE QUATRIE'ME

*Où il est expliqué comment l'Homme doit agir pour
la fin derniere.*

L'ON demande s'il suffit que l'Homme agisse
implicitement pour sa fin derniere, c'est à dire
qu'il ayt dans le cœur l'amour de Dieu & le dessein
en general de le servir, & de jouïr vn jour de luy,
quoy qu'il n'y fasse pas neanmoins réflexion dans
ses actions particulieres : ou bien s'il doit agir expli-
citement, c'est à dire s'il doit penser à Dieu dans
toutes ses actions, & les luy rapporter comme à
sa fin.

La plus part sont de la premiere opinion parce,
disent ils, qu'il est bien difficile d'avoir toû-jours

en veuë de faire son salut, & de penser à Dieu continuellement. Mais il est pourtant indubitable qu'il
faut avoir quelque chose de plus qu'vne volonté generale d'estre heureux, & de tendre à sa derniere fin.
Car autrement les plus meschans ne feroient point
de mal, & ils trouveroient leur salut au milieu de
leurs crimes, puisqu'il n'y en a pas vn, suivant le
principe de Saint Augustin, qui ne ressente en soy
cette inclination naturelle de se rendre parfaittement heureux.

Nullus est qui nõ velit esse beatus, quidquid emmue-lit homo, ab hac volūtate, quę om-nibus innata est, nunquam recedit. Aug. l. 13. de Trin. c. 3.

La derniere opinion est donc bien plus reçevable,
& du moins est elle plus conforme à l'Evangile, où
il nous est commandé positivement *d'aymer Dieu
de tout nostre cœur, de toute nostre ame, & de toutes
nos forces* : C'est à dire que nous ne devons com-
mencer aucune action, méme naturelle, que nous
n'ayons en veuë de plaire à Dieu ; car *soit que vous
mangiez*, dit Saint Paul, *soit que vous beuviez, soit que
vous fassiez quelque autre chose, rapportez tout à la gloire
de Dieu.*

Diliges dominum Deum tuum, ex toto corde tuo, ex tota mente tua, ex tota anima tua, ex totis viribus tuis, Math. c. 22.

Sive manducatis, sive bibitis, sive quid aliud facitis, omnia in Dei glo-riamfacite. 1. Cor. 11

Et pour ce qui est de la grande difficulté, qu'on
prétend s'y rencontrer ; il faut dire quelle ne se
trouve que dans des ames charnelles, qui sont encore sujettes à leurs passions, & qui n'ayment pas
Dieu par dessus toutes choses; car si l'on peut bien
conçevoir, qu'vn marchand attaché au gain n'a
point de peine à se lever de grand matin, & à passer
la moitié de la nuit, quand il trouve l'occasion de faire vn profit considérable : Si l'on demeure d'accord
qu'vn amoureux emporté ne trouve point de difficultés à penser jour & nuit aux moyens d'arriver à

la jouïssance de ses amours : on ne doit pas aussi
trouver estrange que nous disions qu'vne ame veritablement convertie à Dieu & qui est detachée
tout a fait des Creatures, ne trouve point de difficulté, & ne ressent en soy aucune repugnance, lors
qu'il s'agit de rapporter toutes ses affections à celuy
quelle ayme par dessus toutes choses.

Nous traiterons plus amplement cette question
dans la seconde partie de cette Morale, lorsque
nous parlerons des actions indifferentes; c'est pourquoy il nous faut maintenant passer à d'autres qui
semblent appartenir d'avantage à nostre sujet.

CHAPITRE CINQUIEME

Où il est examiné si l'homme se peut proposer en même
temps deux dernieres fins dans ses actions.

IL n'y a pas de difficulté que l'homme peut bien
se proposer deux fins partielles qui en composent ensemble vne totale; par exemple, il peut se
proposer les richesses & les honneurs en acheptant
vne charge; il peut se proposer de faire vn voyage
pour voir ses amys, & solliciter vn procez en mesme temps.

Mais il est impossible qu'il ayt tout à la fois plusieurs fins totales, c'est à dire ausquelles il rapporte
generalement toutes ses actions. Car cela est directement opposé à la nature de la fin totale, qui
demande qu'on luy rapporte tout ce qu'on fait. Et
de méme qu'vn valet ne sçauroit seruir à deux

Maiſtres tout enſemble, parce que s'il obeït à l'vn, il ſera inutile à l'autre : auſſi l'homme ne ſçauroit-il s'attacher à deux fins totales, parce que l'vne dominant entierement à ſa volonté, l'autre n'y peut pas avoir de place. Par exemple, ſi quelqu'vn recherche les honneurs & les richeſſes dans vne charge qu'il achepte ; ou il deſire les richeſſes pour parvenir aux honneurs, & ainſi les richeſſes ne ſont pas cenſées eſtre ſa derniere fin, mais elles ne ſont qu'vn moyen dont il a deſſein de ſe ſervir pour arriver aux honneurs qu'il ambitionne : ou il ne deſire pas les richeſſes pour parvenir aux honneurs; & ainſi les honneurs ne ſont pas la fin derniere & totale qu'il ſe propoſe, puiſqu'il n'y rapporte pas toutes ſes actions, comme par exemple l'acquiſition des richeſſes. C'eſt pourquoy pour parler avec plus d'éxactitude, il faut dire que cet homme n'a veritablement qu'vne ſeule fin totale, à ſçavoir de vivre agreablement, & qu'il conſidere les honneurs & les richeſſes enſemble comme des moyens pour y arriver.

On pourroit encore propoſer quelques difficultés qui regardent cette matiere ; mais je crois en avoir dit autant qu'il en faut pour ſervir d'éclairciſſement à la Diſſertation ſuivante, où nous devons éxaminer à fonds toutes les prérogatives de la veritable Beatitude.

Nemo poteſt duobus dominis ſervire ; aut enim vnū odio habebit & alterum diliget, aut vnum ſuſtinebit & alterum contemnet. *Math.* 6.

DISSERTATION TROISIÉME
DE LA BEATITUDE

QUoy qu'il n'y ait rien de ſi commun que d'ouyr parler de la Beatitude , & que les hommes mémes faſſent gloire d'y rapporter toutes leurs actions: neanmoins , ſi l'on fait réflexion ſur les differentes idées qu'ils en forment , on ne s'eſtonnera pas qu'entre tant de perſonnes qui la recherchent , il y en ait ſi peu qui arrivent à ſa poſſeſſion. En effet comme la fin derniere eſt le premier principe de toutes nos actions , ſi nous nous trompons d'abord dans la connoiſſance que nous devrions en avoir , il ne nous faut point eſperer de pouvoir jamais jouïr d'vn parfait repos : mais au contraire nous nous éloignerons d'autant plus de noſtre veritable bon-heur, que nous ferons plus d'efforts pour y arriver. il eſt donc de la derniere importance de ſe former vne idée claire & diſtincte de la vraye Beatitude; & c'eſt à quoy nous allons nous appliquer dans les quatorze Chapitres qui compoſeront cette Diſſertation.

CHAPITRE PREMIER.

DU NOM ET DE LA DEFINITION DE LA BEATITUDE

ON trouve dans les Autheurs pluſieurs deſcriptions de la Beatitude en general.

Boëce

Boéce dit que c'est *vn estat qui deuient entierement parfait par l'assemblage & la rencontre heureuse de toutes sortes de biens*

Ciceron veut que ce soit *vn amas de tous les biens, sans qu'il s'y rencontre aucun mal.*

Saint Augustin appelle heureux *celuy qui possede tout ce qu'il desire, & qui ne desire rien de mal.*

Cette definition nous apprend que la perfection de la Beatitude consiste proprement en deux choses, à sçavoir que l'on possede tout ce que l'on desire, & que l'on ne desire rien de mal. D'où il s'ensuit que quoy que les voluptueux & les Gens du monde obtiennent assez souvent ce qu'ils recherchent avec beaucoup de soin, on ne doit pas neanmoins les estimer pour cela fort heureux, parceque leurs desirs ne se portent pour l'ordinaire qu'à des fins mauvaises & tout a fait contraires à leur salut. C'est ce que Saint Augustin explique admirablement dans le livre des mœurs de l'Eglise, d'où j'ay tiré les parolles suivantes. *Nous voulons tous vivre heureux, dit ce Pere, & il n'y a point d'Homme qui ne ressente en soy cette inclination: mais suivant ma pensée, il ne faut point tenir pour heureux ny ceux qui manquent de la moindre chose qu'ils desirent; ny ceux qui ont tout ce qu'ils souhaittent, s'ils se plaisent dans le mal; ny ceux qui n'ayment pas ce qu'ils possedent, quoy que ce soit en effet vn bien. Car pour les premiers qui desirent ce qu'ils ne sçauroient posseder, ils sont dans des agitations, & dans des inquietudes continuelles; & pour les seconds qui possedent ce qui ne leur devroit donner dans la verité que de l'aversion, ils se trompent & s'abusent miserablement; & ceux enfin qui*

D

Notes marginales :

Status omnium bonorum aggregatione perfectus. 3. de consol. pros. 2.

Bonorum omniu complexio, secretis omnibus malis.

Beatus ille est qui habet omnia quæ vult, & nihil male vult. l. 13. de Trin. c. 5.

Beatus auté, quantùm existimo, neque ille dici potest qui nó habet quo i amat, qualecumq, sit; neque qui habet quod amat, si noxium sit; neque qui nó amat quod habet, etiamsi optimum sit. nam & qui appetit quod adipisci nó potest, cruciatur, & qui adeptus est quod appetendum non est, fallitur; & qui non appetit quod adipiscendú esset, ægrotat: nihil autem istorú omniú contingit sine miseria, nec miseria & beatitudo in homine vno simul habitare consueuerunt, nullus igitur illorum beatus est Quartum restat, vt video, vbi beata vita inueniri queat, cū id quod est hominis optimum & amatur & habetur. *S. Aug. l. 1. de moribus Ecclef. Cath. 1. 3.*

Possessio summi boni.

ne peuvent se plaire dans le bien veritable qu'ils possedent, ont l'esprit bien malade et de travers : Or toutes ces choses sont autant de maux et de miseres qui sont tout à fait incompatibles avec la Beatitude : et par consequent nous ne la devons pas rechercher dans aucun de ces trois estats : Il n'y en a donc qu'vn quatrième, à ce qui me semble, où elle puisse proprement se rencontrer, à sçavoir et quand on aime le bien veritable et quand on le possede.

On donne encore ordinairement plusieurs definitions de la Beatitude, comme quand on dit qu'elle est la fin derniere de cette vie, qu'elle est le repos de tous nos travaux, & qu'elle consiste dans la possession d'vn bien souverain qui peut seul satisfaire entierement tous nos desirs. Mais ces definitions estant trop generales, elles ne peuvent servir à nous donner vne idée claire & distincte de la Beatitude en particulier. C'est pourquoy il faut considerer la chose vn peu de plus prez, & éclaircir toutes les difficultez qui s'y rencontrent.

Pour ce sujet nous remarquerons auparavant que le mot de Beatitude est vn peu équivoque; car il signifie quelque-fois l'objet qui nous peut rendre heureux, ce qu'on appelle dans l'Echole *Beatitude objective* ; & quelquefois il se prend pour l'action qui nous vnit à cet objet, & qui nous le fait actuellement posseder, ce qu'on nomme *Beatitude formelle*, ou simplement *Beatitude*, puisqu'en effet l'on n'est pas veritablement heureux, que quand l'on possede l'objet de son bon-heur. Il faut parler de la Beatitude dans l'vn & l'autre sens. Il faut examiner quel est l'objet qui nous peut rendre heu-

reux, & enfuite rechercher par qu'elle action nous
pourrons poffeder cet objet. Et afin de ne rien ob-
mettre de ce qui peut perfectionner nos connoiffances fur cette matiere, il faudra adjoufter quelque chofe de la Beatitude naturelle, & voir fi les
Philofophes ont quelque fondement de dire qu'on
en peut efperer quelqu'vne en cette vie.

CHAPITRE SECOND

DE L'OBIET QUI NOUS PEUT RENDRE HEUREUX

L'ON ne peut mieux connoiftre le déplorable
aveuglement des anciens Philofophes, que par
les differentes opinions qu'ils ont eües touchant
la Beatitude objective, c'eft à dire touchant la chofe en laquelle confifte le fouverain bon-heur de
l'Hôme. Car de quelles tenebres faut il croire qu'ils
ont efté environnez dans toute leur conduite &
dans leurs actions particulieres, puifqu'ils ne con-
noiffoient point la fin derniere à laquelle ils les devoient rapporter?

S. Auguftin, apres Varron, conte jufques à deux
cent quatre vingt huit opinions toutes differentes
qu'ils ont eües touchant la Beatitude. Et l'on ne
s'en eftonnera pas, quand on fera réflexion que
ces Payens n'eftoient pas conduits par la lumiere de
la foy, mais feulement par leurs propres lumieres
& par leurs paffions. Car quand on n'a que la nature & la paffion pour guides, on n'eft guéres capable de diftinguer le bien veritable d'avec celuy

lib. 19. de Civitate Dei.

qui n'en a que les apparences, & l'on s'attache plus
volontiers à celuy qui divertit & qui flatte le sens,
qu'à celuy qui est conforme à la raison. Ainsi
voyons nous que suivant les differentes conditions,
les differens âges, les differens sexes, & les differens
temperaments, l'vn met son bon-heur à joüir d'vne
chose, & l'autre à posseder tout le contraire.

Je n'ay pas dessein de m'arrester à parcourir toutes les resveries qu'on pourroit debiter sur cette
matiere; je crois qu'il suffira de rapporter icy seulement toutes les fausses opinions qu'on peut avoir
de la Beatitude à quatre principales, suivant la division qu'Aristote fait des hommes en quatre differentes sortes.

Car les vns, dit-il, ne songent qu'aux plaisirs, &
aux divertissemens.

Les autres, qui ont plus de generosité, se proposent de servir la République, & ne tendent qu'à s'a-
vancer & à se rendre puissans en la servant.

Les troisiémes ne pensent qu'à amasser du bien, & à
s'enrichir.

Enfin les quatriémes, qui ont de l'éloignement
pour les emplois, & qui fuyent l'embaras & l'inquietude, ne travaillent qu'à se remplir l'esprit de
diverses connoissances & lumieres.

Les premiers, qui sont les Voluptueux, mettent la Beatitude dans la joüissance des plaisirs du
corps.

Les seconds, qui sont les Politiques, la mettent dans l'acquisition des honneurs & des dignitez les plus eminentes.

Les troisiémes, qui sont les Avares, la placent dans la possession des grands biens.

Et enfin les quatriémes, qui sont les Philosophes, la mettent dans les sçiences, & dans les belles connoissances.

Voyons maintenant combien tous ces gens là se sont trompez, pour pouvoir conclure ensuite que ce n'est qu'en Dieu seul que se trouve la vraye Beatitude.

CHAPITRE TROISIEME

Où il est prouvé que la Beatitude ne consiste point dans les plaisirs & dans les avantages du corps.

L'ON attribue ordinairement au sçavant Epicure l'opinion qui soustient que la Beatitude consiste dans les plaisirs, & dans les avantages du corps: Mais comme elle a paru tout a fait indigne d'vn Philosophe, Seneque & les autres qui ont tasché de le deffendre, disent qu'il n'a pas crû que ce fust dans les plaisirs du corps, mais seulement dans ceux de l'esprit qu'il fallut mettre la Beatitude.

Mahomet aussi ne propose à ses Sectateurs dans son Alcoran que toutes sortes de plaisirs sensuels dans vn lieu infiniment agreable & delicieux, où ils seront transportez apres leur mort. C'est ainsi que l'explique Avicenne le plus sçavant d'entre les Arabes, quoy que d'autres ayent aussi recours à des sens cachez & mystiques pour le deffendre.

Mais de quelque opinion qu'ils ayent esté, il est constant que le souverain bien de l'Homme ne peut estre dans vne chose aussi basse comme sont les plaisirs des sens, dans lesquels on peut méme dire que les Bestes ont beaucoup d'avantage sur les Hommes, comme il est sans doute, qu'ils ont aussi bien plus de force, & vne santé bien moins sujette aux incommoditez & aux maladies.

Il y a méme de la contradiction d'avancer que la Beatitude, qui doit estre fixe & permanente, peut se rencontrer dans la possession des choses passageres, & qui sont sujettes au changement, tels que sont tous les avantages du corps: Car par exemple y a-t'il rien au monde de plus fragile & de moins de durée que la beauté la plus éclatante? La force & la grande vigueur de la jeunesse ne sont elles pas abbatuës par les moindre accez de fiévres? Les voluptez n'obscurcissent elles pas les lumieres de la raison, ne causent elles pas vne infinité de maladies, & ne produisent elles pas en nous plusieurs dégousts & plusieurs inquietudes? Or tout cela est entierement incompatible avec le bon-heur & le repos: & par consequent nous avons raison de conclure contre les voluptueux, que la felicité ne consiste pas dans les plaisirs sensuels & dans les avantages du corps.

Forma bonum fragile est, quantum que accedit ad annos,

Fit minor, & spatio carpitur illa suo. Ovid. l. 2. de arte.

Semper voluptas famem sui habet, & transacta non satiat. S. Hieron, ep. ad Damas.

CHAPITRE QUATRIEME

Où il est prouvé que le souverain Bien ne consiste ny dans les richesses, ny dans les honneurs, ny dans la puissance.

L'On peut apporter diverses raisons contre les avares, pour leur monstrer que les richesses ne peuvent estre le souverain bien de l'Homme. En voicy quelques vnes.

1. La Beatitude doit estre tellement en nostre pouvoir, qu'il n'y ait aucun lieu d'en craindre la perte: Or apres avoir acquis les richesses avec mille inquietudes de l'esprit, & souvent avec mille peines du corps, nous ne les possedons qu'avec incertitude, & pour peu de temps, quelque longue que puisse estre nostre vie; souvent méme on nous les arrache, & on nous les enleve malgré nous.

Quantò divitiæ magis augescunt, tantò plus adferũt curarum. S. Basil. hom. in scTipt.

2. La Beatitude estant vn assemblage de toutes sortes de biens, elle ne peut point avoir de mauvais vsages, & personne ne sçauroit s'en servir pour faire le mal: Or il n'en est pas ainsi des richesses, qui d'elles mémes sont indifferentes & au bien, & au mal, & qui servent autant à faire commettre des crimes qu'à pratiquer de bonnes actions. L'on peut méme quasi dire que la corruption generale des Hommes les fait bien plus servir à l'vn qu'à l'autre, & que, comme dit Saint Augustin, on les employe souvent pour opprimer les innocens, pour corrompre les Juges, pour violer les Loix, & pour pervertir les Ames qui sans cela seroient les plus genereuses.

Si tollat malus divitias, inopes opprimuntur, judices corrumpuntur, leges pervertuntur, res humanæ perturbantur. Aug. serm. 3. de S. Cypr.

3. La Beatitude ne peut point s'accorder avec la privation de plusieurs biens, comme il est constant que font les richesses. Car qui pourroit se vanter de devenir bien-tost sage & vertueux, sain & beau, parce qu'il possede de grands thresors. *Dequoy servent*, dit le Sage, *les richesses à un homme insensé, puisqu'il n'en peut achepter la sagesse*. Et qui oseroit prétendre acheter le moindre des biens spirituels, apres la malediction que jetta Saint Pierre sur Simon le Magicien, lorsque ce mal-heureux le pria, en luy offrant de l'argeant, de luy vouloir imposer les mains, & de luy communiquer le Saint Esprit.

Enfin si nous voulons nous en rapporter à ce qu'en disent les Peres, nous verrons que bien loing d'avoir mis la Beatitude dans les richesses, ils n'ont au contraire rien trouvé qui luy soit plus opposé. Les richesses, dit le grand S. Gregoire, sont des épines qui nous deschirent l'esprit par les pointes cruelles d'une infinité de soins, & qui nous ensanglantent entierement, quand elles nous portent jusqu'au peché. D'ou vient que c'est avec beaucoup de raison que JESUS-CHRIST les appelle dans l'Evangile, non pas simplement des richesses, mais des richesses fausses & trompeuses. Et certes elles sont trompeuses, puisqu'elles ne sçauroient demeurer long-temps avec nous, & qu'elles ne dissipent point la veritable disette de nostre ame. Il n'y a donc, adjouste ce grand Pape, que les Vertus qui sont les vrayes & solides richesses, lesquelles il faut aymer & desirer de tout son cœur.

Pour ce qui est des Ambitieux, nous n'aurons pas grande

grande peine à combattre l'opinion qu'ils ont que
la felicité consiste dans les honneurs, ou dans la
puissance.

Car premierement puisque l'honneur n'est que
le tesmoignage exterieur de l'estime que l'on fait
d'vne chose excellente, par exemple, de la Vertu,
de la Science &c. ce seroit bien plustot dans ces
choses là qui sont meilleures & plus estimables qu'il
faudroit mettre la felicité, que dans l'honneur qui
n'en est qu'vne marque & vne suitte.

2. L'honneur n'est pas aussi vn bien qui depende
de nous, & qui soit en nostre pouvoir. Car nous
voyons par experience, que ceux qui meritent le
plus d'estre honnorez à cause des vertus & des qualitez avantageuses qu'ils possedent, le sont tres souvent le moins, & qu'on leur oste méme par de
noires calomnies & par de fausses accusations celuy
qu'ils s'estoient au paravant acquis. Or cela ne se
peut dire de la Beatitude, qui ne doit pas ainsi dé-
pendre du caprice des hommes.

L'on ne doit pas aussi mettre la Beatitude dans la
puissance & l'authorité absoluë.

Car 1. les histoires nous fournissent assez d'exemples de ces grands débris de fortune, & de ces bou-
leversemens d'Empires, & de Throsnes, qui sem-
bloient estre les mieux affermis aux yeux des hommes, & l'on n'est que trop convaincu, par l'aveu
méme de ceux qui sont les plus eslevez, que plus
on a de pouvoir & d'authorité, plus on est accablé
de soins & d'inquietudes, & que celuy qui met son
bonheur à se faire craindre des autres, n'est pas luy

Nec vnquam pla-
cidā sceptra quie-
té, certúve sui te-
nuére diem. *Senec.*

Multos timeat ne-
cessè est quē mul-
ti timent. *Senec. t.
de ira, c. 1j.*

méme exempt de craintes & d'apprehensions qui
troublent inceſſamment ſon repos.

2. Si la Beatitude (comme Ariſtote remarque fort
bien dans ſes Politiques) conſiſtoit à commander
aux autres, ce ſeroit vn ſouverain mal d'y eſtre
ſoûmis, & d'y obeïr; & comme il ne ſçauroit eſtre
deffendu à perſonne de rechercher la Beatitude
qu'on deſire naturellement, il ſeroit permis à vn
chacun d'aſpirer à la domination & de prétendre
à la couronne. Ce qui ſeroit la ſource d'vne infinité de troubles & de diviſions, & qui cauſeroit enfin
vn renverſement vniverſel. Car s'il y a lieu de violer
l'equité & la juſtice (dit le meſme Ariſtote) c'eſt
quand il s'agit de commander aux autres, & de leur
donner des Loix.

CHAPITRE CINQUIE'ME.

Où il eſt prouvé que la Beatitude n'eſt point dans les
Biens de l'eſprit.

LEs Stoïciens qui eſtoient les plus ſuperbes de
tous les Philoſophes, & les plus oppoſez au
Chriſtianiſme, dont l'eſprit eſt vn eſprit d'humilité, mettoient la felicité dans la ſageſſe, encore qu'elle ne fuſt point accompagnée de ſanté & de richeſſes; & ils mettoient au contraire l'extreme miſêre
dans la folie, quoy qu'elle fuſt accompagnée de
toutes ſortes de biens exterieurs.

Ils alloient même juſques à dire que le ſage eſtoit
heureux au milieu des plus grands ſuplices, &

même dans le Taureau de Phalaris.

Mais Saint Augustin les refute par leurs principes mesmes. Car comme ils disoient que le sage se devoit faire mourir, pour mettre fin à ses douleurs quand elles estoient excessives, il les raille aussi bien agreablement dans cette rencontre.

Qu'on considere vn peu avec attention (dit-il) comment il est possible que cette vie là soit heureuse, laquelle le Sage ne conserve point, mais dont il est contraint de sortir en se faisant mourir luy-méme. Car il s'ensuit des discours de ces bons Docteurs, qu'il y a vne vie heureuse, laquelle non seulement ne peut estre supportée par le Sage, mais (ce qui est encore plus absurde) laquelle il doit au contraire fuïr & eviter, & dont enfin il se doit défaire & s'éloigner comme d'vne peste tres dangereuse. O insolente & presomptueuse vanterie, adjouste t'il ensuitte, si la vie bien heureuse se trouve dans les peines & dans les tourmens du corps; d'où vient que le Sage n'y demeure point pour en joüyr? Mais si elle ne s'y trouve point, & s'il n'y a en effet que de la misere, qu'est ce qui vous empesche de l'auoüer, Stoïciens, sinon vn orgueil horrible, & vn faste tout a fait insuportable?

ô nimium superba jactantia, si beata vita est incruciatibus, corporis, cur non in ea manet sapiens vt fruatur? si auté misera est, quid obsecro te nisi typhus (idest superbia) impedit ne fateatur. *Aug.* *Ep.* 52.

Les Stoiciens croyoient encore que l'homme tout environné qu'il estoit d'vn corps mortel dans cette vie, ne laissoit pas d'estre l'autheur de sa felicité, ce que Saint Augustin refute en sa lettre 52. en faisant voir que ce n'est ny en cette vie, ny de soy méme, mais de Dieu seul qu'il la faut attendre, lorsqu'il aura revestu nos corps d'vne im-

E ij

mortalité & d'vne incorruptibilité glorieuse.

CHAPITRE SIXIE'ME.

Où il est prouvé que Dieu seul est le souverain bien de l'Homme.

APRES avoir cy-devant monstré que la Beatitude de l'Homme ne peut estre ny dans les plaisirs du corps, ny dans les richesses, ny dans les honneurs, ny dans vne vaine sagesse ; il faut conclure que c'est en Dieu seul qu'elle consiste, & qu'il n'y a que sa presence qui soit capable de combler nostre ame de son veritable bon-heur. En voicy encore quelques preuves.

Vt vita carnis anima est, ita vita beata hominis Deus est, de quo dicunt scripturæ, beatus est populus cujus dominus deus ejus. Aug. 19. de Civit. c. 26.

Comme tout ce qui est au monde, tire necessairement son Etre de cet Etre souverain qui subsiste par luy méme : ainsi faut il, dit S. Augustin, que quiconque est heureux, tire son bon-heur d'vn bien qui en soit la source & le premier principe. Or il n'y a que Dieu qui puisse estre la source & le principe de toutes sortes de bon-heurs, & par consequent il n'y a que luy seul qui puisse estre le souverain bien de l'Homme.

Quia natura nostra vt esset Deum habet authorem, proculdubio debemus ipsum etiam vt beati simus, habere suavitatis intimæ largitorem. Aug. l. 11 de Civit. c. 25.

De plus, tout le monde demeure d'accord que l'objet qui nous doit rendre heureux, & qui est à proprement parler nostre souverain bien, doit avoir ces quatre conditions, à sçavoir 1. qu'il soit tres parfait 2. qu'on le desire & qu'on le recherche pour l'amour de luy méme. 3. que toutes les autres choses y soient rapportées. 4. qu'il soit capable de ras-

fasier entierrement nos defirs : or il n'y a que Dieu
feul en qui elles fe rencontrent veritablement. Car
1. il eft tres parfait, puis qu'il eft la fource de toutes
les perfections que poffedent les creatures, aufquelles il fe communique diverfement, mais touſiours
pourtant d'vne maniere fort limitée. 2. Il merite
d'eſtre defiré pour l'amour de luy méme, puis qu'il
eſt noſtre derniere fin. 3. Toutes choſes doivent
luy eſtre rapportées, puis qu'elles ne peuvent ſervir
que comme de moyens pour arriver à ſa poſſeſſion,
ainſi que nous l'avons prouvé dans la Diſſertation
précedente. Enfin Dieu eſtant vn bien vniverſel
& infiny, il peut tout ſeul remplir la vaſte eſtenduë
de l'ame, enſorte que le poſſedant elle ne deſire plus
rien au monde.

Mais pourquoy donc, me direz vous, l'eſcriture
Sainte dit elle en parlant de la ſageſſe éternelle, que
ceux qui en mangeront, ne laiſſeront pas d'avoir
faim. Ne veut-elle pas par là nous inſinuer que la
poſſeſſion de Dieu ne s'atisfait pas entierement
tous nos defirs ?

A cela je reſpond que l'eſcriture veut ſeulement
nous marquer dans ce paſſage vne difference qu'il y
a entre le bien infiny qui eſt Dieu, & le bien particulier qui eſt la Creature, qui conſiſte en ce que
l'on ſouhaite & l'on deſire auec empreſſement le
bien infiny, lors méme qu'on le poſſede plus eſtroi-
tement ; au lieu qu'on ne reſſent que du meſpris &
du dégouſt pour les biens temporels, quand on s'en
eſt rendu le Maiſtre. Cette faim donc, que reſſen-
tent ceux qui gouſtent de la Sageſſe éternelle, ne

E iij

Non facit beatum
hominem niſi qui
fecit hominē, nam
qui tanta creatu-
ræ ſuæ bona bonis
malifque largitur,
vt ſint, vt homi-
nes ſint, vigentes
ſenſibus affluentes
opibus, ſeipſum
bonis dabit vt bea
ti ſint. *Aug. ep. 52.*

Avida mens ho-
minis rebuscreatıs
occupari poteſt,
ſatiari non poteſt,
animam enim Deo
capacem quicquid
Deo minus eſt im
plere non poteſt.
*S. Bern, ſer. de
dedic.*

Qui edunt me, ad-
huc eſuriēt. *Eccl. 14*

In quem Angeli
deſiderant proſpi-
cere 1 *Petri c. 1.*

provient pas d'vn nouueau deſir qu'ils ayent pour
quelque bien qui ſoit abſent, mais ſeulement d'vne
parfaite complaiſance qui accompagne necſ-
ſairement la poſſeſſion d'vn objet qui renferme
en ſoy toutte ſorte de biens. C'eſt pourquoy le
Divin Sauueur diſoit, en parlant à la Samaritaine,
que quiconque boiroit de l'eau qu'elle puiſoit
(laquelle repreſentoit les biens temporels) n'eſtan-
cheroit aucunement ſa ſoif : mais que ſi l'on a-
voit gouſté de l'eau qu'il donne luy méme, c'eſt
à dire de ſa gloire, on n'auroit jamais ſoif dans toute
l'éternité.

Omnis qui bibit
ex hac aqua ſitiet
iterum, qui autem
biberit ex aqua
quam ego dabo ei
non ſitiet in æter-
num. *Io. 4.*

Et en effect l'experience nous fait aſſez connoiſtre que les biens creés, qui ſont tous des biens particuliers, ne font qu'irriter de plus en plus nos
deſirs, au lieu de les calmer, & qu'apres avoir em-
ployé beaucoup de ſoins & de peines à les rechercher, nous les meſpriſons d'autant plus, que nous
en approchons de plus prés, & que nous les poſſe-
dons plus long-temps, par ce que nous y remarquons pour lors pluſieurs defauts, & pluſieurs
manquements, auſquels nous ne nous attendions
point auparavant. Mais au contraire plus nous connoiſtrons clairement le ſouuerain bien, qui eſt Dieu,
plus nous remarquerons en luy de perfections que
nous n'euſſions jamais eu la force de nous propoſer :
& par conſequent nous l'aymerons, & nous le de-
ſirerons avec vne ardeur bien plus forte & plus
véhémente.

CHAPITRE SEPTIEME.

De l'action par laquelle on possedera Dieu, Et premiere-
ment si ce sera par la volonté.

COMME il ne suffit pas, qu'il y ayt de grands thresors au monde pour rendre vn homme riche & opulent, mais qu'il faut encore qu'il les possede & qu'ils soient en sa disposition. Aussi ne suffit-il pas, pour estre effectivement heureux, que Dieu soit le *Souverain bien*, & l'obiet de la Beati- tude ; mais il faut encore qu'il nous vnisse à luy & que nous le possedions, & c'est dans cette vnion que consiste la vie de l'ame ou la Beatitude formel- le, que Saint Augustin definit en peu de mots, quand il dit que c'est *vne action de l'esprit qui s'atta- che au bien immuable.*

Il ne faut donc pas s'arrester à examiner si c'est par le moyen du corps ou de l'ame que nous possederons Dieu dans l'autre vie. Et comme il est spirituel, il ne faut pas douter que l'action par laquelle il nous v- nira & nous attachera à luy, ne doive estre aussi spi- rituelle & convenir à l'homme en tant qu'il est hom- me. Or il n'y a que la connoissance & l'amour qui sont les actions de ses deux principales facultez, à sçauoir l'Esprit & la Volonté qui ayent cette préro- gatiue; C'est pourquoy il n'est question que de sça- voir en laquelle de ces deux actions consiste la Beati- tude formelle. Et c'est dequoy les Philosophes ne sont pas bien d'accord ensemble; car les vns veulent

avec S. Augustin & S. Thomas que ce soit dans la seule
veuë de Dieu ; & les autres veulent apres Scote que
ce soit seulement dans l'amour ; & enfin quelques
vns suivant la pensée de Saint Bonaventure soustiennent que c'est dans toutes les deux, de sorte
que l'on n'est heureux que quand on void Dieu
clairement, & qu'on l'ayme de tout son cœur.

Il faut examiner toutes ces opinions l'vne apres
l'autre, & voir par quelle action nous pourrons
proprement posseder le souuerain bien. Voyons
premierement si ce sera par vne action de la volonté.

La Beatitude estant considerée comme nostre fin
derniere, nous n'avons qu'à examiner quelles
actions la volonté peut exercer vers vne fin, pour
conclure qu'il n'y en a pas vne par laquelle nous
puissions posseder le souverain bien.

Les Philosophes demeurent tous d'accord que
la volonté ne peut se porter à vne fin que par trois
actions, à sçavoir par vn simple amour, où par le
desir, où par la jouïssance.

Premierement pour ce qui est de l'amour, c'est
vne inclination de la volonté vers vn objet qu'
n'est consideré que comme luy estant propre & convenable, sans songer s'il est absent ou present. Or
vn bien-heureux ne sçauroit considerer la Beatitude avec cette abstraction d'absence ou de presence ; & par consequent ce n'est pas par vn simple
amour que l'on possedera Dieu dans l'autre vie.

2. Le desir est vn mouvement de la volonté vers
vn objet qui est representé comme absent : or on
ne

ne peut estre heureux quand le bon-heur est absent:
& ainsi le desir n'est point encore l'action qui nous
fait posseder le souverain bien.

Enfin la jouïssance estant le repos & la complaisance de la volonté dans vn objet qui luy est present, elle suppose plustot la presence & la possession
de cet objet, quelle ne la procure; car nous ne possedons pas précisement vne chose, parce que nous
nous y complaisons ; mais au contraire nous en
jouïssons, & nous y avons de la complaisance parce que nous la possedons actuellement. Nous avons
donc raison de conclure que quoy que la volonté
exerce quelques actions dans la Beatitude, elle suppose neanmoins toû-jours l'action de quelqu'autre
faculté qui nous la fait posseder. C'est ce qui se verra
encore mieux par les Chapitres suivants.

CHAPITRE HUITIEME

Où il est prouvé que nous possederons Dieu en le connoissant
tres clairement, & face à face.

CETTE verité se peut prouver en faisant remarquer vne difference qu'il y a entre la nature de l'entendement, & celle de la volonté, laquelle
consiste en ce que quand nous aymons vn objet,
nostre volonté sort comme hors de nous mémes
pour se porter à la chose aimée ; de sorte que l'on
peut fort bien dire que nostre ame est davantage
dans la chose qu'elle ayme, que dans le corps qu'elle
anime: Mais au contraire l'entendement attire à

Amor meus pon-
dus meum, illo fe-
ror quocunq; fe-
ror. S. Aug. l. 4.
Confess.

Magis est anima
vbi amat, quàm
vbi animat,

F

soy l'objet qu'il connoist, & il le renferme si étroitement en luy méme, que l'on peut dire avec autant de raison qu'il comprend & qu'il conçoit cet objet, que l'on dit qu'vne mere conçoit le fruit qu'elle porte dans ses entrailles. Or de cette differente maniere d'agir de l'entendement & de la volonté, il s'ensuit que nostre cœur est plustost possedé par la chose que nous aimons, que nous ne la possedons en l'aimant ; & au contraire que nous possedons veritablement vn objet, lorsque nous le connoissons. D'où nous pouvons côclure que ce sera plustot par vne action de l'esprit, que par vne action de la volonté que nous serons vnis à nostre souverain bien, & que nous possederons nostre bonheur.

C'est aussi ce que l'Escriture semble nous vouloir inculquer, lorsquelle repete si souvent, que *nos desirs seront calmez, quand nous verrons sa gloire. Que la vie eternelle consistera à connoistre seulement le veritable Dieu, & celuy qu'il a envoyé pour nostre Salut. Et enfin que toute la recompense que nous pouvons esperer des bonnes œuvres que nous faisons par amour de Dieu, c'est de le voir vn jour à decouvert, & de le connoistre face à face*, comme l'a fort bien remarqué Saint Augustin sur les Pseaumes.

De sorte que si l'on veut s'en rapporter à l'authorité & à la raison, il n'y a pas de difficulté que les bien heureux jouïront de Dieu dans l'autre vie, & le possederont par vne action de l'entendement, qui leur fera connoistre cette Essence divine & éternelle. Et cette verité semble si bien prouvée, qu'il seroit inutile d'y adjoûter quelque chose, si ce n'estoit vne

Satiabor cum apparuerit gloria tua *Psal.* 15.
Hæc est vita æterna, vt cognoscant te solum Deum verum, & quem misisti Jesum Christum. *Io.* 17.
Qui diligit me diligetur à Patre meo, & ego diligã eum, & manifestabo ei meipsũ *Io.* 14
Nescio quid magnnm est quod visuri sumus, quãdo quidẽ tota merces nostra visio est. *Aug. in Ps.* 99.

objection que l'on fait ordinairement, & qui tombe d'abord dans l'esprit de tous ceux qui n'ont jamais entendu parler de cette Doctrine. Car pour connoistre quelque chose, disent ils, la possede-t'on veritablement? Par exemple, est on riche pour sçavoir ce que c'est que de l'argent ? Et pour se representer dans l'esprit de grands thresors , les possede-t'on pour cela ? Nous avons donc encore cette difficulté à resoudre sur ce que nous avons avancé, que l'on possederoit Dieu en le connoissant.

Mais pour éclaircir tout ce qu'il y pouroit avoir d'obscur en cecy. Il faut bien observer que l'on peut connoistre vn objet en deux manieres; à sçavoir ou par luy méme , ou par le moyen d'vne image , & d'vne idée qui nous le represente. Si nous le connoissons en la premiere façon , il se trouve present dans nostre Esprit immediatement & par luy méme ; & ainsi nous pouvons assurer que nous le possedons veritablement? Mais si nous ne le connoissons qu'en la seconde maniere , nous n'avons pour l ors dans nostre esprit que son image & son idée ; & par consequent nous ne le possedons pas proprement en luy méme.

C'est pourquoy il ne faut pas s'attendre qu'vn homme deviendra plus riche, à force de se former plusieurs belles idées de richesses & de thresors. Car comme l'esprit ne possede précisement que ce qu'il contient & renferme en soy méme, il est evident que celuy là ne deviendra riche qu'en idées , puis qu'il n'a en effet autre chose dans son esprit que des idées. Mais il n'en va pas ainsi de la connoissance de Dieu qui est promise aux bien-heureux ; elle ne se fera pas par le moyen d'vne idée, ou d'vne image qu'ils formeront pour se le representer, mais Dieu se communiquera luy méme immediatement, & se rendra present à leur esprit plus estroitement que ne pourroit estre aucune idée imaginable ; & ainsi ils le possederont veritablement.

Lors donc que nous disons, que l'on peut posseder Dieu en le connoissant, cela ne doit pas s'entendre de toutes sortes de connoissances ; car il y en a qui sont si imparfaites & si enigmatiques (pour me servir du terme de l'Apostre) qu'elles excitent plustost en nous de nouveaux desirs, qu'elles ne les calment & ne les rassasient, comme lors que nous le connoissons dans cette vie par ses ouvrages, & à travers les nuages qui nous le couvrent: Mais il faut seulement penser que les bien-heureux ne le possederont que par vne claire connoissance, qui se fera face à face, & qui leur est reservée dans l'autre vie, comme la recompense, & la couronne de tous leurs merites. Cecy sera encore plus clair, lors que nous aurons levé dans le chapitre dixiéme quelques autres difficultez, que l'on peut former côtre cette opinion.

CHAPITRE NEUFVIEME.

Où il est prouvé que l'amour est inseparable de la possession de Dieu.

QVOY qu'il soit tres constant, par ce que nous venons de dire, que nous ne sçaurions posseder veritablement Dieu par aucune action de la volonté; il faut pourtant considerer l'amour de Dieu comme vne chose si attachée à la Beatitude, & il faut dire qu'elle en est vne cause & vne suite si necessaire, qu'il est impossible de l'en separer.

1. C'est vne disposition qui la doit preceder, puisque pour arriver à vne fin, il faut necessairement prendre les moyens qui nous y conduisent: Or il n'y a point d'autres moyens, que l'amour de Dieu qui nous puisse conduire à nostre bon-heur, & Dieu ne demande point dans nous d'autres dispositions pour nous combler de sa gloire, sinon que nous l'aimions avec vne entiere pureté de cœur: & par consequent l'amour précede necessairement la possession de Dieu.

Beati mundo corde, quoniam ipsi Deum videbunt. Matt. 5.

Qui diligit me, diligetur à Patre meo, & ego diligam eum, & manifestabo ei meipsum. Io. 14.

2. C'est vne proprieté qui la suit & qui l'accompagne, parceque la volonté a tant d'inclination, & de pente naturelle pour se porter au bien, qu'il faudroit qu'elle cessast d'estre ce qu'elle est, pour ne se pas porter au bien qui luy est representé comme propre & convenable: Or quand l'entendement d'vn bien-heureux possede Dieu par vne tresclaire connoissance, il se le represente, comme il est en effet, la source & l'origine de toutes sortes de biens; & par consequent il est impossible que sa volonté ne l'ayme pas. D'où il faut conclure que l'amour est vne proprieté qui précede & qui suit en effet la possession de Dieu, laquelle consiste essentiellement dans la seule connoissance.

CHAPITRE DIXIEME

Contenant la réponse à quelques objections, que l'on peut faire contre les trois Chapitres précedens.

ON peut objecter en premier lieu, qu'il semble fort inutile de rechercher avec tant d'exactitude, si ce sera par vne action de l'esprit, ou par vne action de la volonté que nous possederons Dieu ; puisqu'il seroit bien plus court de dire que Dieu se communiquera & se répendra immediatement par luy même dans l'ame des Bien-heureux, sans qu'il soit besoin qu'ils exercent de leur part aucune action.

Mais à cela je réponds premierement, que si cet écoulement, & cette communication de l'Essence Divine estoit suffisante pour rendre vne ame bien-heureuse, il s'ensuivroit que tous les justes seroient bien-heureux dés cette vie, puisqu'ils ne peuvent estre en grace, sans que Dieu habite dans leur cœur ; & cependant l'Apostre dans l'abondance des graces qu'il reçevoit continuellement, ne laissoit pas de s'ennuyer & de soûpirer apres vne vie plus parfaite. Ce qui est fort contraire à la Béatitude.

Je réponds en second lieu, que la felicité supposant l'Homme comblé de toutes sortes de perfections ; C'est vne necessité qu'il s'y trouve dans l'action, & qu'il y exerce autant qu'il est possible les puissances & les facultez qui luy ont esté données pour agir. Or cette communication, & cet épanchement de l'Essence Divine, dont il est parlé dans l'objection, se feroit dans l'ame, sans qu'elle y contribuast, & sans qu'elle y exerçast aucune action. C'est pourquoy il faut dire qu'elle n'y trouveroit pas tous ses avantages, & par consequent qu'il luy faut quelque chose de plus pour achever son bonheur.

On fait vne autre difficulté sur ce que nous avons dit que l'ame ne pouvoit posseder Dieu par vne action de la volonté; & l'on dit que la Beatitude estant le souverain bien, elle doit, ce semble, appartenir plustost à la volonté qui a le bien pour objet, qu'à l'entendement qui nous est donné seulement pour connoistre la verité.

Mais cette difficulté ne sera pas grande, si l'on veut considerer en qu'elle maniere la volonté a le bien pour son objet; car il faut demeurer d'accord qu'elle ne s'y porte en effet que pour l'aymer seulement, & non pas pour le posseder: Or pour estre bien-reux, ce n'est pas assez d'aymer le souverain bien, mais il faut encore le posseder; & comme il n'y a que l'entendement dans l'homme qui possede proprement son objet en le connoissant, nous avons raison de conclure que c'est à luy seulement qu'il appartient de posseder le souverain bien.

Qu'on ne dise donc plus, que la mesme faculté qui poursuit & qui desire vn objet, doit l'obtenir, & le posseder; puisque la volonté poursuit par amour le souverain bien, qui n'est pourtant possedé que par le seul entendement: de même que l'appetit sensuel recherche & desire plusieurs choses agreables que nous ne pouvons neanmoins posseder que par le goust, ou par l'attouchement, où par quelque autre sens.

On peut encore demander comment nous pouvons accorder nostre sentiment avec l'Ecriture & les Peres, veu qu'en parlant de la Beatitude, ils font aussi assez souvent mention de quelque action de la volonté : Par exemple, Saint Iean ne dit-il pas que *Dieu est la charité mesme*, *& que quiconque demeure dans la charité*, c'est à dire dans l'amour, *demeure en Dieu*, *& Dieu demeure en luy ?* Saint Augustin dit que *celuy-là est heureux qui possede & qui ayme le souverain bien* ; & quand il veut definir l'amour, il dit que *c'est comme vne liaison qui vnit où qui tasche d'vnir celuy qui ayme avec la chose aymée* ; & c'est ce que Saint Denys dit aussi en termes assez formels.

On pourroit répondre à tous ces passages par quantité d'autres aussi tirez de l'Ecriture où des Peres, qui nous font assez connoistre qu'ils n'ont jamais eu dessein d'expliquer la Beatitude autrement que nous l'avons expliquée. Mais afin de satisfaire entierement à tous ceux qu'on nous vient de proposer.

Ie dis premierement que ce seroit vne contradiction manifeste de prétendre que Saint Iean voulust establir la Beatitude dans la charité ou dans l'amour, dont il parle en cét endroit. Car il n'y a personne, qui faisant réflexion sur ses parolles, ne Juge facilement que ce qu'il dit, se doit entendre aussi bien de la charité que nous avons dans cette vie,

comme

Deus charitas est, & qui manet in charitate in Deo manet, & Deus in eo 1 *Io.* 4.
Beatus qui quod optimum est & habet & amat. *Aug. l. 1. de morib. Eccles. c.* 4.
Amor est quasi junctura quædam duo aliqua copulans vel copulare appetens, amantē scilicet & quod amatur. *Aug. 3. de trin. c.* 10.
Amor quilibet est virtus vnitiva. *S. Dionys.* 4. *de diis nominibus.*

comme de l'amour que nous aurons dans l'autre, en possedant le souverain bien. Or il n'y a point d'homme qui voulust soustenir que l'amour de Dieu, que nous avons dans cette vie, fust suffisant pour nous rendre parfaitement heureux. Et par consequent il faut dire avec Saint Thomas, que ce bien-aymé Disciple ne veut pas nous insinuer par ces parolles, que la charité soit proprement l'estroite vnion qui se doit rencontrer dans la Beatitude entre Dieu & la Creature: mais seulement qu'elle est l'vnique cause qui nous fait meriter cette heureuse vnion, & qui nous met dans la veritable disposition pour y arriver, comme nous l'avons dit aussi dans le chapitre precedent.

Primam vnioné (scilicet realem) amor facit effectivè, quia movet ad desiderandum & quærendum præsentiá amati quasi sibi convenientis, & ad se pertinentis. S. Th. 1. 2. q. 28. a. 1.

Pour ce qui est de S. Augustin, il faut demeurer d'accord qu'il explique assez souvent la Beatitude, en faisant mention de l'amour, par ce que c'en est vne suitte necessaire, & vne proprieté inseparable; mais on ne trouvera point qu'il dise en aucun endroit, que nous possederons veritablement le souverain bien par l'amour. Et en effet, puisqu'il dit dans le passage qu'on nous objecte, que celuy-la est heureux qui possede & qui ayme le souverain bien, il donne assez à entendre qu'il met grande difference entre posseder & aimer quelque chose; Car s'il croyoit que l'on pust posseder vn objet par l'amour, il diroit simplement que celuy-la est heureux qui ayme le souverain bien.

Beatus qui quod optimum est & habet, & amat. S. Aug. loco supra citato.

Et enfin pour ce qui est de la definition de l'amour, que nous trouvons dans le méme Saint Augustin, & dans Saint Denys, il ne sera pas difficile de juger en quel sens on la doit entendre, quand nous aurons bien distingué auec S. Thomas trois sortes d'vnions qui se rencontrent dans l'amour. Car il y a vne vnion, dit ce Docteur Angelique, qui est cause de l'amour, vne autre qui est l'amour méme, & vne autre qui n'en est que l'effet. La premiere est ou vne vnion substantielle qui fait qu'vn homme s'ayme soy méme, & tout ce qui appartient à sa substance, ou vne vnion de ressemblance qui luy fait aymer tous ceux qu'il considere comme vne partie de soy méme.

La seconde, est vne vnion d'affection, qui ne consiste que dans vne parfaite correspondance de deux cœurs, dont l'vn ne veut rien qui puisse déplaire à l'autre.

Enfin la troisiéme est vne vnion réelle & veritable, que deux parfaits amys voudroient bien se procurer, puis qu'ils souhaiteroient en effet n'estre qu'vn corps & qu'vne ame : Or c'est cette derniere vnion qui fera nostre bon-heur, lors qu'elle se rencontrera entre nostre ame & le souverain bien. D'où il est facile d'inferer, que quand les Peres disent que l'amour est vne vnion ou vn lien qui s'esforce d'vnir l'amant auec la chose aymée, ils veulent dire seulement par là, que l'amour est vne vnion d'affection, & qui tasche de procurer autant qu'il est possible, vne vnion réelle & veritable entre ceux qui s'ayment. Ce qui n'est aucunemét contraire à nostre sentiment, puis que nous avons dit que l'vnion, qui est entre Dieu & les bien heureux, estoit vn effet de l'amour, & de la charité qu'ils avoient euё dans cette vie.

Vnio tripliciter se habet ad amorem, quædam enim vnio est causa amoris, & hæcquidem est vnio substantialis, quantùm ad amorem quo quis amat seipsū, quantùmvero ad amorē quo quis amat alia, est vnio similitudinis.

Quædam vero vnio est essentialiter ipse amor ; & hæc est vnio secūdùm coaptationē affectûs, que quidem assimilatur vnioni substātiali, in quantum amās se habet ad amatū, in amore quidem amicitiæ vt ad se ipsum : in amore autem concupiscentiæ vt ad aliquid sui.

Quædā vero vnio est effectus amoris ; & hęc est vnio realis quam amās, quærit de re amata. Et hæc quidem vnio est secūdùm cōvenientiā amoris, vt enim ait Aristophanes, amātes desiderant ex ambob* fieri vnū. sedquia ex hoc acideret aut ambos aut alterū corrumpi, quærunt vnionem quæ cōvenit & decet, vt scilicet simul conversentur, & simul colloquātur, & in alijs hujusmodi conjungantur. s. Th. 1.2.q.28, a.1. ad 2.

Enfin la derniere objection qu'on nous peut faire, est tirée d'vne Epiſtre de Saint Paul, où il releve tellement la charité, qu'il ne fait point de difficulté de dire que quand il poſſederoit parfaitement le don des langues, & de prophetie, & qu'il auroit toutes ſortes de ſciences, neanmoins que tout cela ne ſeroit rien ſans la charité; car il ſemble préferer par ces parolles la charité, qui eſt vne action de la volonté, à la connoiſſance qui appartient à l'entendement.

Mais il n'y a qu'à lire tout le chapitre entier, pour remarquer que l'Apoſtre ne prétend point préferer la charité à la connoiſſance parfaite qui eſt promiſe aux bien-heureux dans l'autre vie; mais ſeulement à l'obſcurité de la foy, au don des langues, au don de prophetie, & à la ſçience imparfaite que nous pouvons avoir dans cette vie paſſagere. Car l'Apoſtre dit enſuite, que toutes nos connoiſſances d'icy bas, & nos propheties ſont meſlées de quantité d'imperfections; mais que quand nous arriverons à la poſſeſſion de celuy qui eſt tres parfait, toutes ces imperfections ſe diſſiperont, & nous le connoiſtrons pour lors auſſi clairement comme il nous a connu. Ce qui fait voir que l'Apoſtre ſe propoſe cette connoiſſance parfaite de Dieu, comme la fin derniere & l'accompliſſement de tout noſtre bon-heur.

Voyla en peu de mots ce qui ſe pouvoit dire touchant l'eſſence de la veritable Beatitude : il ne nous reſte plus que quelques proprietez à expliquer, qui en ſont inſeparables.

G ij

Si linguis hominum loquar & Angelorum, & habuero omnem ſcientiã &c. charitatem autem nõ habeam, nihil ſum 1. cor. 13.

Nunc ex parte cognoſcimus, & ex parte prophetamus : cum autem venerit quod perfectum eſt, euacuabitur quod ex parte eſt, tunc cognoſcam ſicut & cognitus ſum. 1. Cor. 13.

CHAPITRE UNZIEME.

DES PROPRIETEZ DE LA BEATITUDE.

SUIVANT ce que nous venons de dire dans les chapitres précedens, c'est la veuë de Dieu qui fait l'essence de la Beatitude; & l'amour en est la premiere proprieté, puis qu'il est impossible que la volonté s'empesche d'aymer vn bien, que l'entendement luy fait voir estre infiniment aymable.

Aussi-tost donc que Dieu se monstre à vne ame tout enuironné de gloire, elle est tellement râvie de l'esclat de cette inconcevable beauté, & sa volonté s'enflamme d'vn amour, & d'vne ardeur si violente, que toute la durée de l'éternité n'est point capable de la diminuer en aucune sorte, bien moins encore de l'esteindre.

C'est sans doute cette consideration, qui fait dire à S. Bernard en parlant de la Beatitude, que Dieu par le moyen de sa sagesse incréée dissipera les horribles tenebres dont l'ame a esté couverte par le peché, en sorte qu'elle connoistra toutes choses en luy. 2. Qu'il remplira la partie concupiscible, qui s'abandonne à vne infinité de desirs vagues & inutils, d'vne si grande iustice, qu'elle ne desirera plus rien que ce qu'elle devra desirer, & qu'elle rejettera tout ce qu'elle devra rejetter. 3. Qu'il mettra vne si grande paix dans la partie irrascible, qui se laisse aller tantost à la joye, & tantost à la cholere, qu'elle ioüira d'vn calme, & d'vne tranquilité merveilleuse.

Implebit Deus rationale nostrum luce sapientiæ, ita vt penitus nobis nihil desit in vlla scientia.

Cum repleuerit Deus concupiscibile nostrum iustitiâ, quicquid respuere debet anima, respuet; quicquid debet concupiscere, concupiscet.

Cum Deus repleuerit irascibile, perfecta erit in nobis tranquilitas, & in summam iucunditatem atque lætitiam replebimur pace diuinâ. S. Bern. Serm. 4. in festo omnium SS.

La seconde proprieté de la Beatitude est vne joye extraordinaire, que recevront les bien-heureux en possedant celuy qui renferme toutes sortes de biens, & qu'ils ayment par dessus toutes choses; & cette joye sera d'autant plus grande, qu'elle ne sera traversée par aucun ressentiment de tristesse. C'est pourquoy Saint Augustin definit quelquefois la vie bien-heureuse par la joye qu'on aura de posseder la verité, & il appelle la Beatitude *vne joye tres calme dont iouit la bonne volonté.*

La troisiéme proprieté est l'assurance, qu'auront les bien-heureux de l'éternité de leur bon-heur. Car s'ils avoient le moindre sujet d'en craindre la perte, cette pensée ne leur laisseroit pas vn moment de repos, & leur inquietude seroit d'autant plus grande que le bien qu'ils possedent est plus parfait & plus accomply. C'est pourquoy nous devons aussi remarquer qu'ils sont tout à fait impeccables; car s'ils pouvoient destourner leur volonté de Dieu, pour s'attacher à quelque chose de mauvais, ils pourroient craindre avec raison d'estre vn jour privez de la veüe de Dieu, puisque cette privation est la principale peine dont il chastie les pécheurs.

Outre ces trois proprietez essentielles, qui sont inseparables de la Beatitude, il y en a encore quelques vnes qui ne sont qu'accidentelles, c'est à dire qui contribuent effectivement à la perfection des bien-heureux, mais qui ne sont pas si necessaires que la veritable Beatitude ne puisse estre sans qu'elles s'y rencontrent. Telle-est, par exemple, la

Gaudium de veritate l. 1. *Confess.* c. 13.

Tranquillissimum gaudium optimæ voluntatis. *Ep.* 32.

Nullo modo poterit esse vita veraciter beata, nisi fuerit sempiterna. *S. Aug. l.* 11 *de civit.* c. 11.

Oportuit ita hominem fieri, vt posset bene velle & male: postea sic erit vt malum velle non possit. *S. Aug.*

joye qu'auront les bien-heureux d'en voir plufieurs autres qui jouïront du même bon-heur
qu'eux, fans que pour cela leur part en foit aucunement diminuée. Telles font auffi les belles
connoiffances qu'ils pourront auoir des chofes les
plus difficiles, qui caufent icy bas tant de difputes
parmy ceux qui paffent pour les plus fçavans. Telle
eft enfin la réfurrection de leurs propres corps, qui
feront réunis à leurs ames, pour participer à la ré-
compenfe & à la gloire éternelle, comme ils ont
auparavant participé aux peines & aux travaux qui
l'ont meritée.

Ce n'eft pas pourtant qu'il faille s'imaginer qu'a-
pres la réfurrection le corps verra Dieu par les yeux
corporels. Car c'eft vne chofe impoffible, puifque
Dieu n'eft pas materiel. Mais la gloire du corps
confiftera proprement en ce qu'il ne fera plus fujet,
comme il eft dans cette vie, à eftre malade & infir-
me, à eftre lourd & pezant, à eftre groffier & maf-
fif, enfin à eftre laid & difforme. C'eft pourquoy
les Theologiens luy attribuent apres l'Apoftre quatre qualitez furnaturelles, qui feront toute fa gloire ; à fçavoir, l'impaffibilité, la fubtilité, l'agilité
& la clarté.

Mais c'eft affez parler de la Beatitude furnatu-
relle que nous efperons acquerir vn jour par le fang
& les merites de noftre Sauveur JESUS-CHRIST.
Il faut, pour achever cette Differtation, adjoufter
encore quelque chofe de la felicité naturelle, que
les Philofophes promettent aux hommes dans cette
vie,

Corpus quod fe-
minatur in corru-
ptione furget in
incorruptione 1.
Cor. 15.
Corpus animale
furget fpirituale.
Corpus femina-
tur in infirmitate,
furget in virtute.
Salvatorem ex-
pectamus qui re-
formabit corpus
humilitatis noftræ
configuratum cor-
pori claritatis fuæ.
ad Philip. 3.
Fulgebunt iufti
ficut fol in regno
patris eorum.
Math. 13.

CHAPITRE DOUZIEME.

DE LA BEATITUDE NATURELLE,
ET DE LA FELICITE' DE CETTE VIE.

Où il est examiné s'il y a lieu d'esperer quelque Beatitude
dans l'estat de corruption.

AFin de mieux entendre ce que nous avons à dire dans ce chapitre, & dans les suivants, il faut auparavant distinguer quatre differens estats, où l'on peut considerer la nature humaine.

Le premier est vn estat purement naturel, dans lequel on considere l'homme avant la grace & la corruption, & seulement avec les facultez qui luy sont propres & naturelles. Ce que les Theologiens appellent l'estat de pure nature. Cét estat n'a iamais esté; & quelques vns prétendent méme que suivant la doctrine de Saint Augustin il n'a pû estre, par ce qu'il est contre la bonté de Dieu de punir vne creature innocente, & de produire vn homme dépourueu de toutes graces, à moins qu'il n'en ayt merité auparavant la privation par ses péchez.

Le second estat est celuy d'innocence, auquel on considere la nature ornée de tous les avantages, & de toutes les perfections que possedoit Adam avant son peché.

Le troisiéme est celuy de corruption, dans lequel on la considere comme descheüe, & justement privée de tous ces avantages depuis le peché du premier homme.

Quemquam immeritò, & nulli obnoxium peccato si Deus damnare credtur, alienus ab iniquitate non creditur, *S. Aug. Ep.* 106.

Enfin le quatriéme est celuy de grace, auquel
la nature a esté restablie par la Passion & par les
merites de Jesus-Christ.

L'estat de pure nature n'a iamais esté, ny ne sera
jamais; & l'estat d'innocence n'a duré que tres peu
de temps dans la personne d'Adam. C'est pourquoy
nous ne devons parler que des deux autres estats,
à sçavoir de celuy de corruption, dans lequel naissent tous les hommes depuis le peché de nostre premier Pere, & où ils retombent souvent par leurs
pechez particuliers; & de l'estat de grace où ils sont
rétablis par le Baptesme & par les autres Sacremens.
Nous devons éxaminer s'il y a lieu d'esperer quelque Beatitude dans l'vn & dans l'autre estat; & si
les hommes peuvent passer pour heureux, lors qu'ils
sont réduits sous la tyrannie du Demon par le péché, ou lors qu'ils en sont délivrez par la grace. Et
afin de ne rien omettre de tout ce qui peut servir à
l'éclaircissement de cette matiere, nous détermi-
nerons aussi en quelle maniere les biens & les maux
temporels appartiennent à la Beatitude, & quel
doit estre l'vsage qu'vn veritable Chrestien est obligé d'en faire en cette vie. Commençons par l'estat
d'corruption.

Le peché nous assujettit à tant de miseres, & les
suittes en sont si funestes, qu'il faudroit estre insen-
sible à son propre mal, pour prétendre qu'il fust
compatible auec le bon-heur & le repos. En effet
les Payens mesmes faisant quelque réflexion sur
les traverses de la vie, ont fort bien reconnu la
corruption de nostre nature, quoy qu'ils n'ayent pû
découvrir

découvrir clairement la veritable origine de cette corruption; & ils ont souvent deploré la misere des hommes, en accusant la nature de les avoir mis au monde comme vne marastre inhumaine, & non pas comme vne mere pleine d'amour & de tendresse pour eux. *La nature*, dit Ciceron, *ne pourvoit point aux necessitez de l'homme, comme elle fait à l'égard des autres animaux; elle abandonne son corps à la nudité dés sa naissance, & l'assujetit ensuite à vne quantité d'infirmitez & de maladies, dont les bestes sont toutàfait exemptes; elle semble mesme ne luy avoir donné de l'esprit que pour l'accabler de plus grandes inquietudes, vn cœur pour le remplir de frayeurs, & vn appetit pour ne desirer que des choses deffenduës, & des plaisirs criminels.*

Platon est celuy d'entre tous les Philosophes, qui a approché plus prés de la veritable cause de nos miseres, ayant sans doute appris ce qu'il en dit, dans le voyage qu'il fit en Egypte, par les conférences qu'il avoit euës ou avec les Juifs mémes, ou avec les Egyptiens qui en avoiét pû conserver quelque idée. Mais comme il n'avoit pas les lumieres que JESUS-CHRIST a communiquées aux Chrestiens par sa grace, il a bien veu le mal de cette misere, dit Saint Augustin, mais il n'en a pas decouvert la cause & la source, qui est le peché originel. D'où vient qu'il attribüe les maux, que souffrent icy les hommes, à des pechez commis dans vne autre vie, laquelle il s'estoit imaginée avoir précedé celle cy.

Ces Philosophes donc disoient qu'il y avoit à la verité vne felicité, & vn souverain bien, pour n'aller

H

pas à l'infiny, & ils croyoient aussi qu'ils pouvoient le posseder, puisque l'Autheur de la nature en a imprimé le desir & l'amour au fonds de l'ame, & qu'il ne fait rien en vain ; & par consequent qu'il falloit que ce desir eust son effet au moins en quelques vns. C'est pourquoy ils distinguoient, aussi bien que nous, deux choses dans la Beatitude, à sçavoir l'objet qui peut rendre l'homme heureux, & l'action qui vnit l'ame avec cét objet. C'est ce qui se trouve admirablement expliqué dans le dialogue de Platon, intitulé *le Banquet*, où apres auoir appellé Dieu *vne mer de beauté*, *vne beauté originelle*, *vne beauté toute pure*, *& toute simple, dont émane la felicité de l'homme, comme l'esclat des corps procede de la lumiere du soleil*; apres avoir dit dans son Phœdre, qu'il est *le souverain bien de l'homme*, il adjouste que *sa possession consiste dans la sagesse & dans la vertu, & que la sagesse nous le fait posseder en le connoissant, comme la vertu nous en fait iouïr en l'aymant*; & il appelle cette connoissance, *de l'Ambroisie*; & cét amour, *du Nectar, dont les bien-heureux sont rassasiez à la table des Dieux.*

Il distingue encore deux temps, ausquels l'homme peut estre heureux, à sçavoir l'vn durant cette vie, & l'autre apres ; & il dit qu'il y a tres peu de personnes qui puissent arriver dés cette vie à la Beatitude, dequoy il apporte deux raisons, qui meritent bien d'estre considerées, quoy qu'elles viennent d'vn philosophe payen.

La premiere est la masse du corps, qui appesantit l'ame, & qui est comme vne prison où elle est tres estroitement renfermée ; & il a cru que c'estoit vn si grand obstacle à son bonheur, qu'il ne pensoit point qu'elle pust jamais estre veritablement heureuse, si elle n'en estoit entierement delivrée. D'où vient que les derniers Platoniciens nyoient si fortement la resurrection des morts contre les Chrestiens.

La seconde raison qu'il apporte, sont les differentes passions, qui obscurcissent l'ame par les nuages continuels qu'elles élevent. D'où vient qu'il avouë dans son Epimenide, qu'il n'y a que tres peu de gens de bien, qui puissent acquerir en cette vie la felicité parfaite, & devenir amys de Dieu par la science & par la vertu.

Les Stoïciens, comme nous avons desja remarqué cy-dessus, prétendoient que l'homme estoit heureux en cette vie, dés aussi-tost qu'il possedoit vne vaine sagesse, qui luy faisoit faire toutes ses actions pour vne honnesteté apparente, & pour vne bien-seance humaine & exterieure; & ils estimoient que le bonheur de l'homme dépendoit si particulierement de ces fausses vertus, que tous les biens du corps & de la fortune n'estoient aucunement considerables; mais qu'au contraire les tourmens du corps, & les plus grands supplices n'estoient pas capables d'interrompre le bonheur, & de troubler le repos, dont joüissoit le Sage dans cette vie, lors qu'il s'attachoit à sa vertu imaginaire.

Aristote vouloit bien avec les Stoïciens que la vertu & la sagesse pussent contribuer à rendre vn homme heureux dans cette vie: mais il croyoit ou-

tre cela que les biens de fortune y eſtoient tout à
fait neceſſaires, non ſeulement pour pouvoir ſubſiſter ſoy méme honneſtement, mais auſſi pour en
pouvoir ſecourir les autres, à cauſe diſoit-il, que
l'homme eſt vn animal qui ſemble né pour la ſo-
cieté. Entre les hommes neanmoins il jugeoit
que ceux, qui eſtoient engagez dans la vie civile, en avoient bien plus grand beſoin que les autres.

Faiſons maintenant quelques réflexions ſur le
ſentiment de ces Philoſophes.

On peut remarquer en premier lieu, que toutes
les diſputes & les belles penſées des Philoſophes
Payens touchant la Beatitude, ne ſervoient qu'à les
plonger plus avant dans l'aveuglement, *puis qu'ils
recherchoient,* comme dit Saint Auguſtin, *vne vie
bien-heureuſe dans la region meſme de la mort, c'eſt à dire
dans vn lieu où il eſt impoſſible qu'elle ſe trouve:* Car comment y auroit-il vne vie bien-heureuſe, où il n'y a pas
meſme de vie ?

Il faut pourtant avoüer que les Platoniciens ont
approché plus prés de la verité que tous les autres
Philoſophes; & c'eſt auſſi pourquoy les Peres ont
toûjours fait cas de leur philoſophie, & les ont
beaucoup loüé de ce qu'ils enſeignoient qu'vne
ame ne pouvoit devenir bien-heureuſe que par
la participation de Dieu méme. Et en effet leur
ſentiment s'acorderoit fort bien avec le Chriſtianiſme s'ils n'avoient point crû que cette Beatitude
ſe peut rencontrer dans cette vie, & s'ils ne s'e-
ſtoient point eſgarez dans les moyens qui con-

duifent à cette fin : Mais, comme remarque fort bien Saint Auguftin, *ils ont veu où il falloit tendre, fans fçavoir par où; ils ont decouvert le lieu de la paix, mais ils n'ont pas pris le droit chemin pour y arriver,* & comme ces Philofophes ne fçavoient pas que l'humilité eftoit le moyen le plus facile pour s'approcher de Dieu, *ils s'en font autant efloignez par leur orgueil, qu'ils ont tafché de s'en approcher par leurs belles connoiſſances.*

D'ou vient que les derniers Platoniciens, & entre autres Maxime de Tyr, & Iulien l'Apoftat fe voyant dans l'impuiſſance de retourner à Dieu, quelques efforts qu'ils fiſſent; Ils eurent recours par la magie à leurs Dieux metoyens, & tomberent dans vne infinité d'illuſions, Dieu le permettant ainſi, pour les punir de leurs crimes, comme dit encore le méme Saint Auguftin.

Toutes les réflexions, que fait ce Pere fur cette philofophie payenne, font ſi frequentes & ſi admirables, que pour les mettre dans leur jour, il faudroit coppier preſque tous ſes livres, & n'en omettre aucune parolle. Laiſſons les donc plûtoft admirer à ceux qui prendront la peine de les lire dans leur veritable ſource, & contentons nous d'examiner pour le preſent le fondement de ces philofophes.

Le fondement ſur lequel s'appuyoient ces payens, pour prouver qu'on pouvoit trouver vne Beatitude en cette vie, eftoit peu ſolide, & marquoit aſſez qu'ils ne connoiſſoient pas entierement les miſeres de leur eftat déplorable. Car il ne s'enſuit pas

Viderunt quà eundum eſſet, non viderunt quà, viderunt patriam pacis, ſed iter ad eam non inuenerunt *S. Ang.*

Elati enim Deum quæſierät doctrinæ faftu, vnde quòappropinquaverunt intelligentiá, inde ſuperbiä receſſerunt *Ang.*

Ad artes magicas à dæmonibus impulfi, & ab illis per ſecreta Dei iudiciä miferè decepti, quærebant mediatorem per quem provehetentur, & non erat; diabolus enim erat transfigurans ſe in Angelum lucis *l. 2. de Doctr. Chriſt. c. 23.*

que l'homme puisse estre heureux en cette vie, à cau-
sequ'il le desire, puisqu'il est impossible qu'il arrive
à la possession de Dieu par ses seules forces naturelles; mais qu'il a besoin pour cela de la foy qui le luy
fasse connoistre, de l'esperance qui le fasse mettre
tout son appuy sur les merites de Jesus-Christ,
& enfin de la charité qui le fasse aymer Dieu plus
que soy-méme, & plus que toute autre chose;
Or dans l'estat de la nature corrompuë, où vi-
voient malheureusement les anciens philosophes,
on ne trouve point de ces secours surnaturels qui
sont seuls & absolument necessaires pour obtenir
vne fin surnaturelle: & par consequent le grand
desir qu'ils ressentoient pour vn bonheur qui leur
estoit impossible, marquoit plustost leur misere,
que leur Beatitude.

Il n'y a donc point lieu d'esperer la felicité, où
la nature est corrompuë par le peché; Et si Dieu
par son infinie misericorde n'avoit eu compassion
de la misere des hommes, & ne fust descendu du
Ciel en Terre, pour réparer la corruption de leur
nature en se faisant homme, ils ne seroient jamais
sortis de cét estat funeste & miserable, où le peché
du premier homme les avoit réduits; leur esprit
seroit tousiours demeuré environné de ses tenebres, sans la lumiere de la foy qui est venüe les dissiper; & leurs volontez auroient tousjours esté por-
tées au mal, sans la communication de la grace qui
les en a dégagez pour les attacher au bien solide
& veritable.

CHAPITRE TREIZIEME

Où il est prouvé qu'il n'y a pas mesme de veritable
Beatitude dans l'estat de grace.

L'ESTAT de peché & de corruption est
bien esloigné de la felicité, puisqu'il est
méme impossible de trouver vne veritable beatitude dans l'estat parfait de grace, & que les meilleurs Chrestiens n'oseroient se dire heureux dans
ce monde, où ils sçavent qu'ils n'ont tout au plus
que l'esperance de l'estre vn jour en l'autre.

On peut prouver qu'ils ne sont pas veritablement
heureux en ce monde par plusieurs raisons.

La premiere est à cause qu'ils sont environnez
d'vn corps, dont la corruption, comme remarque
Saint Augustin, les entraisne continuellement
en bas, & les fait pancher sans cesse vers les biens
périssables. *Sarcina corruptibilis carnis maceries quædam miseriarum est. S. Aug.*

La seconde est à cause de la loy du peché, qui
résiste tousjours à l'esprit, & qui rend mesme la vie
ennuyeuse aux plus grands Saints. *Mal-heureux
que je suis,* disoit Saint Paul, *qui me delivrera de ce
corps de la mort? Sentio legem in membris meis repugnantem legi mentis meæ. Infelix ego homo, quis me liberabit de corpore mortis hujus? Rom. 7.*

La troisiéme est qu'ils ont sans cesse à combattre
contre vne infinité d'ennemis visibles & invisibles,
& qu'ils ne font leur salut qu'avec vne crainte continuelle de déchoir de l'estat de grace par quelque
peché. Ce qui est tout à fait incompatible auec le
calme, & la paix, qui doivent estre inseparables de la
Beatitude. *Salutem vestram operamini cum timore & tremore, Philipp. 2.*

Mais si vn Chrestien, me direz-vous, se sousmettoit de telle maniere aux ordres de la Providence divine, qu'il ne voulust que ce qu'il plairoit à Dieu d'ordonner; Ne vivroit il pas content? & selon Saint Augustin, ne devroit il pas passer pour heureux, puisqu'il auroit tout ce qu'il desire, & qu'il ne desireroit aucun mal, ny rien qui fust contraire à la volonté de Dieu?

Saint Augustin respond fort bien, qu'vn homme qui se trouve dans cette disposition, n'est pas pour cela veritablement heureux, mais qu'il est seulement patient dans son malheur; car quoy qu'il soit vray de dire, que cét homme vit comme il luy plaist (puis qu'il s'est engagé de ne point vouloir ce qui est au dessus de ses forces, & de ne vouloir que ce qu'il peut) il n'est pas pourtant veritablement heureux, s'il ne souhaitte de vivre tousjours de la méme maniere; car vne vie ne doit pas passer pour heureuse lors qu'on desire de la quitter: Or cét homme ne peut pas souhaitter de vivre tousjours de la méme maniere; car il ne sçauroit estoüfer vne infinité de desirs qui luy viennent de sa nature, & qui le portent à vn souverain bien qu'il ne peut posseder dans ce monde. Et quand méme il souhaiteroit de menner tousiours la méme vie, qu'il menne icy bas, & qu'il n'aspireroit point apres vne plus parfaite, la necessité de mourir l'empescheroit de jouïr de ses desirs, & troubleroit malgré luy son repos & son bonheur.

Mais comment, dira encore quelqu'vn, osez-vous avancer qu'il n'y a point de Beatitude en cette vie,

veu

veu que l'Ecriture semble l'asseurer assez formellement en plusieurs endroits ? *Bien-heureux*, dit Saint
Mathieu *ceux qui pleurent, Bien-heureux les debonnaires,
Bien-heureux les pauvres d'esprit &c.* Doit-on réputer
pour mal-heureux ceux que l'Escriture appelle ainsi
bien-heureux ?

Ces passages de l'Escriture semblent faire à la verité d'abord quelque difficulté: mais elle ne sera
pas grande, si nous en cherchons le sens & l'intelligence dans le chapitre méme d'où on les a tirez;
& si nous remarquons, comme nous avons desja
fait, que quoy que les Chrestiens ne soient pas
actuellement heureux durant cette vie, en laquelle
ils sont sujets à vne infinité d'accidens & de miseres; ils le sont neantmoins par l'esperance que la
foy leur donne d'en estre vn jour delivrez, comme parle l'Escriture; & l'on peut dire que leur bon-
heur est en quelque façon commancé, puisque la
foy, l'esperance, & la charité les vnissent, quoy
qu'imparfaitement, au souverain bien, & les mettent dans la veritable disposition de le posseder
parfaitement dans l'autre vie; c'est aussi pourquoy
l'Escriture les appelle si souvent *Heureux.* Mais
pour faire veoir qu'elle n'entend parler que d'vne
Beatitude imparfaite & commencée, elle ne les appelle iamais heureux que par rapport à la vie future. *Bien heureux* (dit Saint Iacques) *celuy qui
combat contre la tentation; car quand il aura passé par
cette épreuve, il recevra vne couronne de gloire, que
Dieu a promis de donner à ceux qui l'aymeront.* Bien-
heureux encore, dit le Sauveur en expliquant la der-

I

Beati qui lu-
gent. Beati mi-
tes. Beati pau-
peres Spiritu.
Math. c. 5.

Spe salvi facti
sumus *Rom.* 8.

Beatus vir qui
suffert tentationé,
quoniam cū pro-
batus fuerit, acci-
piet coronam vi-
tæ. *Epist. Iac. c.*
2.

Beati qui perfe-
cutionem patiun-
tur propter iufti-
tiam, quia ipfo-
rum eſt regnum
cœlorum. *Mat.* 5.

niere des huict Beatitudes de cette vie, *sont ceux qui
souffrent quelqueperſecution pour la iuſtice & pour la verité; car le Royaume des Cieux leur appartient.* L'Eſcriture ne dit pas que ce ſoit vne felicité de pleurer,
d'eſtre perſecuté, d'eſtre tenté &c. Mais ſeulement
que c'eſt vn moyen pour arriver à la felicité.

Que ſi quelqu'vn deſiroit qu'on luy expliquaſt
davantage enquoy conſiſte préciſement la veritable Beatitude de cette vie, toute imparfaite qu'elle
eſt, & ſurquoy eſt fondée l'eſperance qu'ont les
Chreſtiens de joüir vn jour de la gloire éternelle;
il faudroit dire, pour parler ſelon les principes de
noſtre Religion, que la felicité des Chreſtiens durant cette vie conſiſte dans l'action de l'entendement qui connoiſt Dieu par la foy, & dans celle
de la volonté qui l'ayme d'vn amour ſouverain,
qu'on appelle charité. Car l'ame eſt autant heureuſe qu'elle le peut eſtre quand elle eſt vnie à Dieu
par ſes principalles facultez.

Il ne faut pourtant pas entendre cecy avec toute ſorte d'égalité. Car la Beatitude de cette vie
conſiſte bien davantage dans l'action de la volonté,
que dans celle de l'entendement; & par ce que
cette derniere verité eſt de tres grande importance,
il en faut donner quelques preuves.

Premierement toute la felicité qui convient à
l'homme en cette vie, n'eſt qu'vne diſpoſition &
vn moyen qui le doit conduire à la Beatitude éternelle: Or il n'y a point d'apparence de dire que
la connoiſſance imparfaite d'icy bas ſoit vne choſe
qui mette l'homme en eſtat de poſſeder Dieu dans

l'autre vie, puisque le merite se prend principalement de la charité, & non point de la connoissance, & que comme dit Saint Thomas, vn homme ne sera pas admis à la Beatitude pour avoir connu Dieu plus que les autres, mais seulement pour l'avoir aimé d'avantage.

2. La connoissance que l'on a de Dieu en cette vie est extrémément foible & imparfaite. Et comme ce ne seroit pas connoistre vn habile Architecte qui auroit basti quelque magnifique Palais, que de considerer seulement ce Palais, & en admirer toute l'architecture, & la symmetrie : Ainsi ce n'est pas connoistre Dieu que de le considerer seulement dans les Creatures qui sont l'ouvrage de ses mains, & l'esprit qui ne le connoist qu'en cette maniere, aspire apres le jour où il le pourra voir à decouvert & face à face : & par consequent il n'est pas en repos.

3. Dieu ne nous commande point de le connoistre, comme il nous commande de l'aymer ; ainsi la charité estant le veritable moyen qui nous conduit au Ciel, nous avons raison de dire qu'elle fait tout nostre bon-heur, autant que nous en sommes capables en cette vie.

> Nunc autem manent fides spes, charitas, major autem horum est charitas. 1. *Cor.* 13. *&* c. 11. via excellentior.
>
> Qui ardentiori desiderio Deum hac in vita fuerint prosecuti, clariori etiam visione donabuntur *S. Thom.*
>
> Pax multa diligentibus legem tuam *Psal.* 165. & abundantia diligentibus te. *Psal.* 121.

CHAPITRE QVATORZIEME.

Où il est expliqué comment les biens & les maux
temporels appartiennent à la Beatitude.

CETTE difficulté vient de la dispute qui a duré si long temps entre les Stoïciens &

Ariſtote, par ce que ces premiers prétendoient
qu'il ſuffiſoit d'avoir de la vertu & de la ſageſſe
pour eſtre heureux, & Ariſtote vouloit encore que
cette ſageſſe fuſt accompagnée de pluſieurs biens
de fortune, qu'il croyoit eſtre abſolument neceſſaires pour menner vne vie heureuſe. On demande
ce que nous en devons penſer, & dans quel ſentiment doivent eſtre des Chreſtiens à l'eſgard des
biens ou des maux temporels, veu que leur fin eſt
tout à fait ſurnaturelle,

Mais avant que de rien determiner ſur cette matiere, il eſt bon de remarquer que ſuivant ce que
nous avons dit dans toute cette Diſſertation, on
ne peut diſtinguer que deux ſortes de Beatitudes,
dont l'vne en merite proprement le nom, & nous
eſt reſervée en la vie future ; & l'autre n'eſtant que
commencée, elle ſe doit pluſtoſt conſiderer comme vn chemin & vne diſpoſition à la beatitude,
que comme vne veritable beatitude, & c'eſt celle
qui ſe rencontre dans cette vie, où les hommes
auſſi ne ſont que des voyageurs.

Il eſt certain que les biens & les maux temporels
n'ont point de lieu dans la Beatitude de l'autre vie,
car la perfection & la ſtabilité des biens éternels
qui s'y rencontrent excluent toutes les imperfections & les changemens qui accompagnent les
biens d'icy bas. Il n'y a donc plus de difficulté que
touchant la Beatitude de cette vie, & on demande
comment vn Chreſtien dans cét eſtat doit conſiderer les biens & les maux temporels ?

Ie reſponds, que puiſque toute la Beatitude que

nous devons rechercher en cette vie, consiste dans
vne parfaite disposition pour arriver à la gloire
éternelle, c'est dans cette veuë & sur ce fondement
qu'il faut juger des biens & des maux de cette vie.
C'est pourquoy nous devons dire en premier lieu,
que les Chrestiens ne nient point, comme faisoient
les Stoïciens, que la pauvreté, les maladies, les exils
& la mort ne soient des maux considerables, & ils
n'ont point cette fierté insuportable de vouloir
passer pour insensibles aux yeux des hommes: Mais
si par malheur quelques vnes de ces afflictions leurs
arrivent, ils les reçoivent avec la derniere soûmis-
sion, & ils croyent que c'est Dieu qui les leur en-
voye en punition de leurs pechez; Et bien qu'ils
les souffrent avec patience, & quelque fois méme
avec joye pour l'amour de luy, ils seroient neantmoins encore plus aises, de n'estre pas obligez de
les souffrir. C'est pourquoy ils soûpirent continuellement vers le Ciel, où il n'y aura plus rien à sou-
frir, & où l'on joüira d'vn souverain bien qu'on
ne pourra perdre.

Ie dis en second lieu, que comme la joüissance
de Dieu est la fin derniere à laquelle les Chrestiens
tendent dans toutes leurs actions; ils ne mettent
au nombre des biens que ce qui peut y conduire,
& au nombre des maux que ce qui en esloigne en
quelque façon. C'est pourquoy ils n'estiment ny
les honneurs, ny les richesses, ny toutes les autres
commoditez de la vie presente, qu'à proportion
qu'elles peuvent contribuer pour y arriver; & quelque apparence d'vtilité qu'ayt vne chose qui n'est

---

Vt quamuis to-
lerare ament, ma-
lint tamen non
esse quod tole-
rent, S. Aug.

pas honnefte, ils la croyent tres prejudiciable &
tres def-avantageufe, puifqu'elle les fepare de Dieu,
qui eft leur vnique bien.

Et il feroit à fouhaitter que tous les hommes
fiffent cette réflexion, quand ils forment quelque
deffein, & qu'ils s'engagent dans quelque entre-
prife; car le meilleur Cafuifte que l'on puiffe con-
fulter dans la pratique, c'eft fon intention particuliere & fa propre confcience; & fi l'on ne fe con-
duifoit que par vne pure affection de plaire à Dieu,
& d'executer fes Commandemens, on ne feroit
point toutes ces queftions inutiles qui fe font ordinairement dans la Morale, & l'on n'auroit pas
recours à toutes ces nouvelles fubtilitez, dont on
fe fert pour excufer les actions les plus criminelles,
& qui devroient faire rougir de honte ceux qui
veulent paffer pour de veritables Chreftiens.

Pour ce qui eft des plaifirs du corps, voicy les regles & les maximes aufquelles le Chriftianifme nous
engage.

Entre les plaifirs du corps, il y en a qui font formellement contraires à la Loy de Dieu; & d'autres qui ne font pas tout à fait incompatibles avec
la vie chreftienne. Les premiers qui font criminels
& illegitimes, donnent tant d'horreur & d'averfion
aux Chreftiens, qu'ils ne fçauroient jamais y con-
fentir. Et pour ce qui eft des feconds, qui font permis, ils font dans cette penfée qu'on ne doit pas
les fuïr abfolument, par ce qu'ils font affez fouvent neceffaires à l'entretien de la vie, comme font
par exemple, ceux que l'on reçoit dans le boire &

dans le manger : Mais ils en vſent pourtant tousjours fort ſobrement & avec grande moderation,
par ce qu'ils les conſiderent avec Saint Auguſtin,
comme des remedes, dont il ne faut vſer qu'autant
qu'on en a beſoin; Ils y conſiderent la neceſſité,
& non pas le plaiſir; ils les regardent comme des
moyens, & non pas comme leur fin derniere; ils
s'en ſervent enfin avec tant de moderation, qu'on
remarque facilement qu'ils n'y mettent pas toute
leur ſatisfaction, & qu'ils voudroient bien eſtre
dans vn eſtat où ils s'en puſſent paſſer.

Voyla en general ce que nous pouvons dire de la
Beatitude tant de cette vie, que de l'autre. Il faut
preſentement diſpoſer par ordre les moyens que
nous devons mettre en vſage pour y arriver. Et
c'eſt ce que nous allons faire dans la ſeconde partie
de cette Morale.

Fin de la premiere partie.

SECONDE

SECONDE PARTIE
DE LA MORALE.

Où il est parlé des moyens que l'on doit mettre
en vsage pour acquerir la Beatitude.

'I L est d'vne necessité indispen-
sable de connoistre la fin, où nous
devons tendre, & le terme qui
doit borner toutes nos prétentiós;
c'est aussi vn tres grand avantage de connoistre parfaittement
le chemin qu'il faut tenir, & les moyens qu'il faut
mettre en vsage pour y arriver. Et si nous devons
déplorer l'estat malheureux d'vn homme, qui n'e-
stant pas éclairé des lumieres de la foy, se trompe
dans la connoissance du souverain bien; nous
ne devons pas moins détester la miserable conduite de celuy, qui connoissant parfaitement la
nature de ce souverain bien, s'égare dans les
moyens qu'il devroit prendre pour en obtenir la
possession.

C'est pourquoy nous devons esperer autant de
fruict & d'vtilité des Dissertations que nous avons

K

à faire dans cette seconde partie, que nous en a-
vons pû tirer de celles que nous avons deja faites
dans la premiere ; Puisque pour suivre l'ordre naturel des inclinations de l'homme, nous sommes
obligez de parler presentement des moyens apres
avoir parlé de la fin, & qu'il faut que toute nostre
application se porte à d'écouvrit la voye & le chemin qui pouront nous conduire au but & au terme que nous nous sommes proposez.

Ce n'est pas qu'il y eut rien à adjoûter sur cette
matiere, si l'on avoit bien penetré les veritez importantes que nous auons établies dans la Dissertation précedente, où nous avons donné en peu
de mots vn précis & vn abregé des plus saintes
maximes du Christianisme, lors que nous avons
dit que toute la perfection de cette vie présente
consiltoit à *connoistre Dieu par la foy, & à l'aymer
d'vn amour souverain par la charité.* Car en effet, quiconque à l'auantage de posseder ces deux vertus
surnaturelles, peut se vanter auec iuste raison qu'il
est dans le veritable chemin qui conduit à la gloire
éternelle, & qu'il ne manquera d'aucune chose necessaire pour y arriver ; puisque suivant la doctrine de l'Apostre, c'est la charité qui forme toutes
les bonnes œuvres, & que celuy dans qui elle se
rencontre possede en mesme temps toutes les vertus.

Mais la corruption de l'homme est si grande, que
les discours generaux ne font presque point d'im-
pression sur son esprit, & qu'il ne considere ce que
l'on y dit, que comme des veritez spéculatives, qu'il

ſe contente de connoiſtre , ſans s'efforcer aucunement de les réduire en pratique. On ſçait aſſez en
general qu'il faut aimer Dieu, & luy rapporter toutes ſes entrepriſes ; Tous les Livres de pieté ſont
fondez ſur cette maxime; les peres & meres ne re-
commandent autre choſe dans leurs familles ; les
enfans & les ſerviteurs en ſont ſuffiſament inſtruits;
les Predicateurs le preſchent continuellement;& il
ne ſe trouve point d'Ame ſi dure , qui ne paroiſſe
en eſtre tout a fait conuaincüe : & cependant l'experience nous fait voir que la pratique ne reſpond
guéres à la ſpeculation ; c'eſt vne Loy que les pécheurs violent ſans ceſſe par leurs engagemens criminels, c'eſt vne maxime que les voluptueux mé-
priſent en s'abandonnant aux plaiſirs des ſens, les
avares en s'attachant aux biens temporels , & les
ambitieux en ſe donnant entierement à la gloire & à
la vanité.

C'eſt pourquoy nous devons porter nos conſide-
rations vn peu plus loing, & deſcendre dans le dé-
tail de quelques veritez particulieres, qui nous re-
gardant de plus prez, pourront faire plus d'impreſ-
ſion ſur nos cœurs, & ſerviront ſans doute à nous
confirmer davantage dans les fondemens de noſtre
religion.C'eſt ce que nous eſperons faire dans cette
ſeconde partie, où nous nous propoſons de parler
des moyens qui nous conduiſent à la gloire , c'eſt
à dire des bonnes œuvres que la charité nous doit
faire entreprendre , & des actions vertueuſes qu'il
faut pratiquer pour ſe rendre éternellement heureux.

K ij

Mais pour bien pénetrer la nature des actions humaines, & distinguer celles qui sont bonnes d'avec celles qui sont mauvaises, il faut examiner attentivement tous les principes dont elles dépendent, & il faut établir les conditions qui sont necessaires pour les rendre libres & volontaires, puisque celles qui se font par force & par contrainte, ne meritent ny des loüanges ny du blasme. Et afin de nous acquiter de tout cela avec quelque methode, nous remarquerons d'abord qu'entre les principes qui concourent à la production des actions humaines, il y en a qui sont exterieurs & hors de nous, & d'autres qui sont interieurs & dedans nous.

Les principes exterieurs sont Dieu, les Anges, les Demons, & les Hommes, ausquels on adjouste communement & sans raison les influences des Astres.

Les principes interieurs sont où naturels, comme l'Entendement, la Volonté & l'Apperit sensuel; ou acquis, & sur-adjoustez à nos facultez naturelles, comme les bonnes & mauvaises habitudes, c'est à dire les vices & les vertus. Examinons toutes ces choses dans les Dissertations suivantes.

DISSERTATION PREMIERE.

DES PRINCIPES EXTERIEURS DES ACTIONS HUMAINES.

SUIVANT l'ordre que nous venons d'établir, il faut parler des principes exterieurs des actions

humaines, avant que de parler des interieurs ; & il
faut examiner comment l'homme peut estre déterminé à agir par des causes qui sont hors de luy
mesme, afin de voir ensuitte plus clairement de
quelle maniere agissent les facultez naturelles qui
sont au dedans de luy. Or les principes exterieurs,
comme nous avons des-ja dit, ne sont qu'au nombre de quatre, à sçavoir Dieu, les Anges, les Demons, & les Hommes. Dieu nous fait connoistre par
ses loix & par ses commandemens le veritable chemin que nous devons tenir pour arriver à sa gloire,
& il nous inspire par sa misericorde des mouvemens
secrets qui portent nos cœurs à l'execution de ses
commandemens. Les Anges nous excitent sans
cesse au bien par de secretes inspirations. Les Demons font naître de continuelles tentations pour
nous detourner du bien & nous faire succomber
dans le mal. Et enfin les Hommes ne pouvant régler
que nos actions exterieures par leurs loix & par
leurs commandemens, ils n'ont que la voye de conseil & d'exhortation pour nous porter interieurement quelquefois au bien, & quelquefois au mal.
Et ceux qui adjoustét les Astres pour vn cinquiéme
principe des actions humaines, soustiennent que
leurs influences ont tant de force sur nos volontez,
qu'il suffit de sçavoir leurs differentes positions &
leurs rencontres, pour déterminer les changemés des
estats, les guerres, les maladies, & les accidens mesmes particuliers dont la vie d'vn chacun est traversée; & parceque cette opinion est extremement
dangereuse pour la conduite de la vie humaine, je

deſtine vn Chapitre particulier pour la combatre &
la réfuter.

Nous parlerons d'abord du premier principe des
actions humaines, à ſçavoir de Dieu; & ce que nous
en dirons pourra ſervir de lumiere pour ſçavoir ce
qu'il faudra dire des autres principes qui luy ſont
ſouſ-ordonnez & qui en dépendent.

CHAPITRE PREMIER

*Où il eſt expliqué comment Dieu eſt le Principe de nos
actions par ſes Commandemens.*

DIEU, comme nous venons de remarquer,
s'accomode touſiours à noſtre portée, & il
concoure à la production de nos actions d'vne maniere qui nous eſt fort avantageuſe Car comme
nous avons deux facultés pour nous conduire, l'Entendement, & la Volonté nous avons beſoin de lumiere pour diſſiper les obſcuritez de l'vne, & de
chaleur pour exciter les langueurs de l'autre; c'eſt
pourquoy Dieu nous éclaire & nous échauffe en
meſme temps, il nous éclaire par ſes Loix & par
ſes commandemens, & il nous échauffe par les
effets que ſa grace produit dans nos cœurs. Parlons
dans ce Chapitre des Loix & des commandemens
de Dieu, & réſervons nous à parler des effets de ſa
grace dans le ſuivant.

Les hommes ayant eſté créez pour jouïr d'vne fé-
licité qui ſurpaſſe la portée de leur nature, les lumieres de la raiſon ne ſuffiſoient pas toutes ſeules
pour leur faire diſcerner les choſes qu'ils devoient

pourſuivre, d'avec celles qu'ils devoient éviter; &
cette inſuffiſance eſtoit encore devenuë plus grande par les tenebres que le peché y auoit ſuradjoû-
tées. C'eſt pourquoy il a fallu que Dieu fit paroître
ſa ſageſſe & ſa bonté, en leur donnant quelques Loix
pour regler leurs actions, & pour les conduire à cette
fin ſurnaturelle.

Or la Loy divine ſe diviſe ordinairement en ancienne & nouvelle. L'ancienne eſt celle qui eſt contenuë dans l'ancien Teſtament, & qui renferme vne
infinité de preceptes dont la pluſpart ne ſont plus en
vſage. La nouvelle eſt celle de l'Evangile, qui nous apprend les myſteres que nous devons croire, & les vertus que nous devons pratiquer pour eſtre élevez à la
contemplation de l'Eſſence divine; elle eſt contenuë dans tout le nouveau Teſtament, & nous en
trouvons vn précis admirable dans le diſcours que
le fils de Dieu fit à ſes Diſciples ſur la Montagne.
Mais pour plus grande diſtinction, nous allons parler
de ces deux loix en deux ſections differentes.

SECTION PREMIERE

DE LA LOY ANCIENNE.

LA Loy Ancienne conſiſte principallement en
trois choſes. Premierement elle contient pluſieurs preceptes qui regardent les mœurs. Secondement elle reigle les jugemens que les hommes doivent faire dans les Tribunaux pour conſerver l'v-
nion des Citoyens qui compoſent vne République.

Et enfin elle enseigne toutes les ceremonies
qui se doivent observer dans le culte de Dieu.
Mais touttes les ceremonies de l'ancienne Loy ne
sont plus en vsage; & comme ses sacrifices n'estoient
que la figure & l'ombre de la loy de l'Evangile, le
veritable sacrifice de JESUS-CHRIST sur la Croix
en a esté la fin & la consommation. Les preceptes
aussi qui regloient les jugemens que les hommes
devoient faire dans l'ancienne Loy, n'ont plus d'authorité pour nous obliger à les suivre. Et par consequent nons n'avons que les preceptes moraux qui
nous restent de l'ancienne Loy, & que nous devons icy examiner, parce que nous sommes encore
obligez de les suivre & de les pratiquer.

Tous les preceptes moraux & qui reglent les
mœurs des hommes sont en quelque façon conte-
nus dans les dix Commandemens que Moyse reçeut
de Dieu sur la Montagne de Sinaï; & parce que ces
commandemens sont tous fondez sur les premiers
principes de la Loy naturelle, la pratique en est encore tres necessaire à tous les Chrestiens qui se proposent d'arriver à la gloire éternelle, & il n'ya personne qui ne soit obligé de sçavoir ce qu'ils con-
tiennent, puisqu'il est impossible de se dispenser des
devoirs & des obligatious, auxquelles ils nous engagent tant à l'égard de Dieu, qu'à l'égard de nostre
prochain.

Il n'est pas necessaire de transcrire icy le Decalogue
& de rapporter simplement ce qu'il contient, puisque c'est vne des premieres instructions que les enfans reçoivent en apprenant le Catechisme. Il suffira

fira de faire quelques réflexions sur l'obligation &
sur le bel ordre de ces Commandemens, afin d'y
admirer en mesme temps & la sagesse & la bonté infinie de Dieu.

Pour ce qui est de l'obligation des dix Commandemens; je ne crois pas que personne en puisse
disputer, si l'on fait cette réflexion, qu'ils ne con-
tiennent rien que ce que la lumiere naturelle nous
enseigne, & que ce ne sont que des consequences
que la raison commune des hommes approuve tres
facilement.

Car en effet puisque la raison naturelle nous fournit assez d'argumens pour prouver l'existence d'vn
seul Dieu, qui est la source de toutes les perfections
que participent les créatures, elle nous convainq
suffisament qu'il faut l'aimer pardessus toutes choses, & qu'il n'y a que luy seul qui doive estre l'objet de nos adorations. Et c'est aussi ce que contient
le premier Commandement, qui nous détache du
culte des faux Dieux, pour nous attacher à son ser-
uice, en nous obligeant de renoncer aux Idoles, &
de ne rendre à aucune Image ou ressemblance
l'honneur qui appartient au vray Dieu. Ce qu'il ne
faut pas neanmoins entendre auec les Calvinistes,
comme si Dieu nous deffendoit simplement & absolument l'vsage des Images; car il nous deffend
seulement d'en faire, pour leur rendre des Actes
d'adoration qui luy appartiennent; & il n'est pas
jaloux que l'on se serve d'Images afin d'honnorer
pour l'amour de luy les Saincts qu'il a favorisez de
ses graces.

I.
Non habebis
Deos alienos co-
ram me, non fa-
cies tibi sculptile,
neque omnem si-
militudinem &c.
Exod. 20.

De plus nous connoissons naturellement que
Dieu est la source de toute verité ; qu'il ne peut
estre trompé, parce qu'il est infiniment sage ; &
qu'il ne peut tromper les autres, parce qu'il est
infiniment bon : & ainsi la Loy naturelle nous
oblige à luy porter reverence, & à ne l'attester jamais que pour appuyer quelque grande verité. C'est
pourquoy le second Commandement nous deffend
de prendre son nom en vain.

Enfin la mesme lumiere naturelle nous démon-
stre que Dieu doit estre aussi bien la derniere fin
de tous nos desirs, comme il a esté la source de toutes nos perfections par sa bonté ; & ainsi elle nous
engage au service de Dieu, & nous prescrit de ne
point chercher ailleurs nostre repos. C'est pourquoy le troisiesme Commandement nous oblige de
sanctifier le jour du Sabat, & de cesser le septiesme
jour toutes nos ouvrages, pour nous donner entierement au culte & au service de Dieu, en veuë
& en tesmoignage que le Seigneur fit en six iours
le Ciel & la Terre, & toutes les Créatures qui s'y
rencontrent, & qu'il se reposa le septiesme, & le
sanctifia par ce moyen.

Mais si ces trois Commandemens, qui nous marquent nos premieres obligations à l'esgard de Dieu,
sont des suites necessaires de la Loy naturelle : les
sept suivans qui regardent le prochain, n'en depen-
dent pas moins. Car premierement la seule lumiere naturelle nous fait connoistre, que si nous devons de l'honneur & de l'amour à quelques personnes, c'est particulierement à ceux qui nous ont

donné la vie, & ausquels nous sommes redevables de nostre éducation. C'est pourquoy le quatriéme Commandement nous enjoint d'honnorer pere & mere.

La mesme lumiere naturelle qui nous fait connoistre qu'il ne faut jamais faire à d'autres ce que nous ne voudrions pas qu'on nous fit, nous avertit assez qu'il ne faut faire injure à personne, comme il est aussi expressement deffendu dans les six derniers Commandemens; car nous pouvons offenser nostre prochain ou par des actions exterieures, ou par des parolles, ou par des pensées.

Nos actions exterieures peuvent l'attaquer où en sa propre personne, pour luy oster la vie; ou dans vne personne qui luy est vnie par le mariage, pour la corrompre; ou dans les biens de fortune qui luy appartiennent, pour les ravir. C'est pourquoy l'Homicide, l'Adultere, & le Larcin nous sont deffendus par le cinq, six, & septiéme Commandement.

Nos parolles peuvent luy nuire, en rendant quelque faux tesmoignage contre sa réputation. D'où vient que le huictiesme Commandement nous le deffend si expressement.

Enfin nous pouvons former plusieurs pensées au desavantage de nostre prochain. C'est pourquoy les deux derniers Commandemens nous deffendent d'estre déreglez dans nos concupiscences.

Il faut donc demeurer d'accord que les dix Commandemens de Dieu ne sont que des suites de la Loy naturelle, & que quand Dieu ne les auroit pas

I V.
Honora patrem tuum & matrem tuam, vt sis longævus super terram.

V.
Non occides.
VI.
non Mœchaberis
VII.
Non furtum facies.

VIII.
Non loqueris contra proximā tuum falsum testimonium.

I X.
Nõ Concupisces domum proximi tui.

X.
Nec desiderabis vxorem eius, nõ seruum, non ancillam nõ bouẽ, non asinum, nec omnia quæ illius sunt.

donnés à Moyſe pour les publier par toute la Terre,
nous ne ſerions pas moins obligez de les pratiquer,
puiſque cette publication ne s'eſt faite que pour
faire reſſouvenir les hommes des devoirs auſquels
ils ſont obligez en tant qu'hommes, & dont la
connoiſſance devroit tousjours eſtre preſente au
fonds de leur cœur, ſi le peché n'avoit pas corrompu la nature, & n'en avoit point eſteint les
lumieres.

Mais ſi la bonté de Dieu paroiſt dans ces ſaintes
inſtructions qu'il nous a données pour réparer les
lumieres que nous avions perduës par le peché; ſa
ſageſſe n'éclate pas moins dans l'ordre admirable de
ces Commandemens, comme nous allons le faire
voir par les réflexions ſuivantes.

Pour faire paroiſtre l'ordre des dix Cômandemens,
on peut dire en premier lieu, qu'ils ſont diſpoſez
ſuivant l'ordre & la grandeur des obligations de
l'homme.

Car ſi l'on conſidere les devoirs differens, & les
actions auſquelles il eſt obligé ou à l'eſgard de Dieu,
ou à l'eſgard du prochain; on demeurera d'accord
que toute ſa vie doit conſiſter dans des actes de Religion, dans des actes de Pieté, & dans des actes
de Iuſtice. Les actes de Religion ſont de plus grande importance, par ce qu'ils ont Dieu meſme pour
objet, & les actes de Pieté précedent ceux de la
juſtice ordinaire, par ce qu'en rendant les devoirs
que nous devons au prochain, nous ſommes obligez de conſiderer premierement ceux qui nous ont
donné la vie. C'eſt pourquoy le divin Legiſlateur

pour ſuivre cét ordre naturel , nous commande
premierement des actes de Religion par les trois
Commandemens de la premiere Table ; enſuitte il
preſcrit des actions de Pieté envers les peres & meres
par ſon quatriéme Commandement ; & enfin il
nous ordonne des actions de Iuſtice que nous devons rendre à tous les hommes par les ſix derniers ;
& encore entre toutes ces choſes y a-t'il vn ordre
admirable.

Car premierement pour ce qui eſt des actes de Religion, on ne peut les exercer, qu'on ne ſe ſoit défait
auparavant de deux oſtacles qui en empeſchent. 1.
la ſuperſtition ou l'idolatrie qui nous font reco-
gnoiſtre de faux Dieux, nous empeſchent de rendre auvray Dieu l'honneur qui luy appartient. 2.
l'irreverence qui nous fait prophaner ſon nom,
empeſche que nous ne réverions celuy que nous
devons adorer ; C'eſt pourquoy les trois premiers
Commandemens qui regardent la religion, nous
deffendét premierement de faire des idoles pour les
adorer ; Secondement de prophaner le nom du veritable Dieu par le parjure ; & enſuitte ils nous déterminent quelque choſe que nous devons faire
pour le culte de Dieu, qui eſt de ſanctifier le jour
du repos.

En effet, comme dit Saint Auguſtin, il faut réverer en Dieu l'Vnité, la Verité, & la Bonté. L'Vnité qui eſt vne choſe abſoluë, précede dans l'ordre
de la nature & de la grace la Verité, qui n'eſt qu'vne
choſe reſpective ; & la Verité qui eſt l'objet de l'entendement, eſt devant la Bonté qui eſt l'objet de la

Per primum
prœceptum reve-
remur vnitatem
primi principij.
Per ſecundum
veritaté, piuinam
Per tertium, eius
bonitatem quâ
ſanctificamur &
inqua quieſcimus
ſicut in fine, S.
Aug. l. queſt.
in exod. q. 72.

volonté. C'est pourquoy Dieu nous commande premierement la fidelité, ensuitte la réverence, & enfin le service. Nous sommes fideles à Dieu, & nous adorons son Vnité, si nous ne rendons à aucune créature l'honneur qui luy est deu. Nous luy portons réverence, & nous vénerons sa Verité, en ne prenant point son nom en vain. Enfin nous luy rendons service, & nous establissons nostre repos dans sa seule bonté, si nous choisissons le septiéme jour de la semaine pour vacquer entierement au culte divin.

Il y a aussi vn ordre admirable entre les derniers Commandemens, qui nous conduisent à l'esgard du prochain. Car ils nous réglent premierement envers ceux qui nous ont donné l'Estre, par ce que nous leur devons la vie, qui est le fondement de tous les biens. Et pour ce qui est des autres personnes, nous pouvons les offenser ou par nos actions exterieures, ou par nos parolles, ou par nos pensées. Le bien que nous pouvons ravir à nostre prochain par nos actions exterieures est plus grand que celuy que nous pouvons luy oster par nos parolles; & celuy que nous luy ostons par nos parolles est plus considerable que celuy que nous luy ostons par nos pensées. C'est pourquoy Dieu apres nous avoir reglé dans nos actions exterieures par le cinq, six, & septiéme Commandement, il nous regle dans nos parolles par le huictiesme, & ensuitte dans nos desirs illegitimes par les deux derniers.

On peut encore relever l'ordre des Comman-

demens de Dieu, en faiſant voir qu'ils ſont tous
diſpoſez ſuivant l'ordre & la grandeur des pechez
que nous pouvons commettre.

Car premierement, l'homme ſeroit plus coupable
de manquer contre Dieu qui doit eſtre la derniere
fin de ſes actions, que de manquer contre ſon prochain. C'eſt pourquoy les Commandemens qui réglent l'homme à l'égard de Dieu doivent préceder ceux qui le reglent à l'eſgard de ſon prochain.

Secondement, l'homme eſt plus coupable de s'é-
loigner de la fidelité qu'il doit garder à Dieu, que de
manquer contre la réverence qu'il luy doit porter;
& le crime qu'il commet contre la réverence qu'il
doit porter à Dieu, eſt plus grand que celuy qui
l'empeſche de luy rendre ſervice, c'eſt à dire qu'il
y a plus de peché à nier toutà-fait l'vnité de Dieu
par l'idolatrie, qu'à ne pas réverer ſon excellence
par la prophanation de ſa verité, & encore plus à ne
pas réverer ſon excellence, qu'à ne pas reconnoiſtre ſa bonté par nos ſervices. C'eſt pourquoy le
Commandement qui nous deffend de rendre à quelque créature l'honneur qui n'appartient qu'au premier principe de noſtre Eſtre, doit préceder celuy
qui nous deffend de prendre en vain le nom de
Dieu: & ce ſecond Commandement doit préceder
le troiſieſme, qui nous ordonne de ſanctifier le jour
du repos.

Troiſiémement l'homme eſt plus coupable de s'é-
loigner de ſon devoir à l'eſgard de ceux qui luy
ont donné la vie, que de manquer à l'égard des

personnes qui luy sont indifferentes. Et par consequent le quatriesme Commandement qui nous
régle à l'egard des peres & meres, doit préceder les
six derniers qui nous réglent à l'égard de toutes
sortes de personnes.

Quatriesmement, l'homme seroit plus coupable
de manquer par quelque action exterieure, que par
des parolles; & il seroit plus criminel de manquer
par des parolles, que par de seules pensées. C'est
pourquoy les cinq, six & septiéme Commandement, qui nous deffendent le déreglement dans nos
actions exterieures, doivent préceder le huictiéme,
qui nous deffend de rendre vn faux témoignage; & ce
huictiéme doit préceder le neuf & dixiéme, qui
nous deffendent d'estre déreglez dans nos concupiscences.

Enfin pour ce qui est des trois Commandemens
qui nous deffendent d'estre déreglez dans nos
actions exterieures à l'égard du prochain, le mesme ordre s'y remarque facilement; car nous sommes plus coupables d'attaquer nostre prochain en sa
propre personne pour luy oster la vie, que dans vne
personne qui luy est vnie par le mariage pour la
corrompre; & nous sommes encore plus coupables
de l'attaquer dans vne personne qui luy est vnie
par le mariage, que dans les biens de la fortune.
C'est pourquoy le cinquiéme Commandement qui
nous deffend l'Homicide, précede le sixiéme qui
nous deffend l'Adultere; & le sixiéme est devant
le septiéme qui nous deffend le Larcin.

Voyla l'ordre excellent des Commandemens de
Dieu

Dieu, où nous trouvons autant de merveilles que
de parolles. Il y auroit encore plusieurs belles remarques à faire sur cette matiere, comme par exemple, pourquoy certains Commandemens sont ac-
compagnez de recompenses ou de menaçes, & d'autres sont plus simples ? pourquoy il y en a plus de
negatifs que d'affirmatifs, & ainsi des autres que-
stions, qui sont traitées à fonds dans S. Thomas, *S. Th. 1.2. q. 100.*
& dont nous ne parlerons pas presentement, pour
passer aux obligations de la nouvelle Loy.

SECTION SECONDE

DE LA LOY NOVVELLE.

LA Loy nouvelle est la Loy de l'Evangile, qui
nous instruit des choses que nous devons
croire, & qui nous apprend les actions que nous
devons pratiquer pour meriter la vie éternelle.
Saint Paul nous explique assez son pouvoir, quand
il dit au Chap. 1. de l'Epistre aux Romains, qu'el- *Est in salutem*
le est le principe de nostre salut. Et c'est aussi pour- *omni credenti.*
quoy on l'appelle la Loy de grace, parce qu'elle *Rom. 1.*
contient la grace qui nous justifie & nous rend
agreables à Dieu, comme nous l'allons faire voir
plus clairement, en comparant la Loy nouvelle avec
l'ancienne, & en expliquant leurs convenances &
leurs differences.

Il faut donc remarquer en premier lieu, que
la Loy ancienne & la Loy nouvelle ont vne mesme fin, à sçavoir d'vnir l'homme à Dieu. Mais

que la Loy ancienne ne contenoit pas, comme fait
la nouvelle, tout ce qui eſt neceſſaire pour en obte-
tenir la poſſeſſion , parce qu'elle ne contenoit pas
la grace qui eſt le ſeul principe qui nous fait meriter
la jouïſſance de Dieu , & qui eſt comme la ſemen-
ce de la gloire éternelle. C'eſt pourquoy l'on a raiſon de dire que la Loy nouvelle perfectionne l'ancienne, & qu'elle en eſt l'accompliſſement.

2. Comme la Loy ancienne manquoit en pluſieurs choſes , & que ſon établiſſement n'eſtoit
qu'vne diſpoſition à la perfection que nous devoit apporter la venuë du Fils de Dieu , elle ne
devoit durer qu'vn certain temps : mais la Loy
nouvelle contenant toute la perfection qui eſt neceſſaire pour arriver à la gloire éternelle , ſa durée
n'aura point d'autres bornes que la fin du monde.

3. Pour ce qui eſt des actions de ces deux
Loix , elles ſont bien differentes ; car la Loy
nouvelle deffend bien plus particulierement que
l'ancienne tous les déreglemens de l'ame, elle nous
commande vne plus grande perfection , & nous
oblige à la pratique des vertus beaucoup plus relevées Par exemple, Dieu avoit deffendu l'Homicide
par le cinquiéme Commandement de la Loy ancienne, ſans en deffendre la penſée; mais il nous apprend dans ſon Evangile que cette penſée eſt tout
à fait criminelle, lors qu'il nous deffend au Chap.
5. de S Mathieu, de nous mettre en cholere contre noſtre frere. La Loy de l'Evangile ne ſe contente pas de nous faire abſtenir des mouvemens interieurs qui nous portent au mal , mais elle nous

détourne encore de l'occasion mesme du mal. C'est pourquoy Dieu nous ayant deffendu l'Adultere par le sixiesme Commandement de l'ancienne Loy, & la pensée mesme de le commettre par le dixiesme; il nous conduit à vne plus grande perfection, lors qu'il nous apprend dans l'Evangile, que celuy qui regarde vne femme pour la convoiter, a desja commis dans son cœur l'Adultere avec elle. *Qui viderit mulierem ad concupiscendum, iam mœcharus est eá in corde suo. Math. 5.*

Le second Commandement de l'ancienne Loy nous deffend le parjure dans nos Sermens; & la Loy de l'Evangile nous deffend absolument de jurer dans les conversations ordinaires. *Audistis quia dictum est antiquis, non periurabis; ego autem dico vobis non iurare omnino: sit Sermo vester, est est, non non, quod autem his abundantius est, à malo est. Math. 6. 5.*

4. L'ancienne Loy qui estoit vne disposition à la nouvelle, a esté donnée aux Iuifs par le moyen des Anges; & le Fils de Dieu mesme a estably la Loy nouvelle.

Enfin l'ancienne Loy se servoit de la crainte, pour faire observer ses ordonnances: mais la nouvelle oblige à faire par amour ce qu'elle commande & ce qu'elle conseille.

Cette derniere Loy est contenuë dans tout le nouveau Testament, & nous en trouvons vn précix merveilleux dans ce beau Discours que le Fils de Dieu fit à ses Disciples sur la montagne; mais comme il a esté prononçé par la bouche mesme de la Sagesse éternelle; nous ne sçaurions le mettre dans vn si beau jour, qu'il se trouve dans les cinq, six, & septiéme Chap. de S. Mathieu. C'est pourquoy je conseillerois volontiers tous ceux, qui desirent s'instruire des veritables fondemens du Christianisme, de relire souvent ces trois Chapitres, &

de bien mediter toutes les belles veritez qu'ils con-
tiennent. En voicy pourtant vn abregé avec quelques réflexions que je vas faire pour ceux qui ne
voudront pas s'en donner la peine.

Ce Discours nous prescrit fort au long les actions
differentes que la Loy nouvelle nous oblige de faire
dans tous les genres de vie; & aprés avoir montré
en quoy la nouvelle Loy surpasse l'ancienne, il nous
instruit de la fin que nous devons nous proposer
dans toutes nos actions; & enfin il s'arreste particulierement à combattre deux inclinations generales qui dominent presque tousiours dans le cœur
de l'homme, & qui accompagnent ses actions les
plus éclatantes, à sçavoir le desir immoderé des richesses, & la vanité qui enfle son cœur, & l'éloigne
de son principe.

Il tasche de destruire le desir des richesses, en
faisant voir que c'est se perdre entierement, & renoncer à Dieu, que de se laisser éblouir par l'éclat
des biens du monde, de les poursuivre avec ardeur,
& d'y mettre sa fin derniere. Et ensuite, il s'effor-
ce de prévenir tous les mouvemens de vanité, en
nous avertissant qu'ils ne sont point plus dange-
reux, que quand ils se rencontrent dans les actions
vertueuses, comme dans le Jeusne, dans l'Aumosne, & dans la Priere; c'est pourquoy il nous prescrit quelques Regles à observer pour toutes ces
actions.

Pour ce qui est du Jeusne, il dit qu'il le faut pratiquer avec humilité, & sans aucun éclat, & qu'il faut
faire paroître les jours de jeusne vne joye extraor-

dinaire sur son visage, pour ne pas tomber dans le deffaut de ces Hypocrites, qui font paroître à l'exterieur vne tristesse affectée, lors qu'ils font quelque abstinence, & qui ne laissent passer aucune occasion, sans se plaindre que le jeusne les affoiblit beaucoup, qu'il les empesche de dormir, & qu'il les entretient dans de continuelles défaillances.

Pour ce qui est de l'Aumosne, il nous recommande particulierement de la faire en secret, & de la donner d'vne main, sans que l'autre le sçache, pour s'opposer à la vanité de ceux qui se plaisent à ces Aumosnes éclatantes, & qui font sonner la trompette devant eux, lors qu'ils les veulent faire, c'est à dire qu'ils choisissent les lieux, les heures, les personnes, & plusieurs autres circonstances qui les feront remarquer, & qui leur acquereront la réputation d'estre liberaux & charitables,

Enfin, pour ce qui est de la Priere, il nous avertit de la faire dans nostre particulier ; & il nous deffend d'imiter ces Hypocrites & ces Bigots, qui prient à la verité d'vne maniere assez simple, lors qu'ils font retirez tous seuls dans leurs chambres, mais qui jouënt admirablement de la prunelle qui affectent certaines postures estudiées, & qui font mille contorsions de la teste & du corps, lors qu'ils se trouvent dans des Eglises, où il y a grande foule de monde qui les peut considerer. Il nous avertit encore d'estre courts dans nos prieres, & de ne pas croire qu'elles seront plustost exaucées, quand elles auront esté plus longues, comme s'imaginent la pluspart des personnes qui font quelquefois deux heures à remüer les levres devant vn Crucifix , & qui employent tout le temps de la devotion à marmoter sur vn Chapelet, qu'ils retournent inceſſamment ſans aucune aplication d'eſprit.

Mais parce que les beſoins de l'homme ſont tres-grands, & que le nombre en eſt preſque infiny, le Fils de Dieu prévoyoit bien que ce nous auroit eſté vne choſe impoſſible de les renfermer en ſi peu de parolles qu'il le ſouhaittoit, & que nous aurions touſiours multiplié nos prieres , à proportion que nos miſeres ſe ſeroient augmentées. C'eſt pourquoy il nous enſeigne luy-meſme dans ce Chapitre vne courte priere, qui contient neantmoins toutes les autres , & qui nous peut ſuffire pour demander à Dieu tous nos beſoins , quoy qu'elle ſoit renfermée dans cinq ou ſix lignes. Vous voyez bien que c'eſt de l'Oraiſon Dominicale, dont je veux parler , & ſur laquelle je vas faire quelques remarques aſſez importantes.

EXPLICATION DE L'ORAISON

DOMINICALE.

COMME c'eſt vne erreur fort préjudiciable aux Chreſtiens, de croire que l'Oraiſon Dominicale , qu'on appelle ordinairement *le Pater noſter*, ſoit vne Priere trop commune , & qu'elle n'explique pas aſſez tous les beſoins particuliers des hommes ; ce qui eſt cauſe qu'ils ont recours à d'autres Prieres , & qu'ils eſtiment davantage celles

qui font nouvelles, & qui font compofées par
l'efprit humain : Il faut combattre cette erreur, &
relever l'excellence de l'Oraifon Dominicale, en faifant voir qu'elle contient par ordre toutes les chofes que nous pouvons raifonnablement demander, & que les autres Prieres ne font valables,
qu'entant qu'elles font renfermées dans celle-là,
comme la partie l'eft dans fon tout. C'eft ce qui
ne fera pas bien difficile à faire voir.

Mais remarquons auparavant, que fi l'on peut
quelquefois relever l'excellence d'vn ouvrage par
l'excellence de celuy qui en eft l'autheur, ce feroit
affez pour recommander celle de l'Oraifon Dominicale, de dire que c'eft le Fils de Dieu qui eft la
verité mefme, qui l'a compofée, & qui l'a enfei-
gnée aux hommes; car aprés cela nous ne devons
point la mettre en parallelle, & la comparer avec
les autres Prieres qui font des productions de l'efprit humain, qui n'a pour partage que la tromperie & l'illufion. Neanmoins afin de faire connoître davantage en quoy elle les furpaffe, il la faut
examiner en elle-mefme.

On peut dire en premier lieu, que l'Oraifon Dominicale toute fimple qu'elle paroît, eft pourtant
vne piece achevée fuivant toutes les Regles que la
Rhetorique peut demander; car il eft certain que
tout ce qui entre dans la compofition d'vne piece,
peut facilement fe rapporter à trois chefs, à fçavoir à l'Exorde, à la Narration, & à la Conclufion.
Or ces trois chofes fe diftinguent admirablement
dans l'Oraifon Dominicale.

Premierement l'Exorde, comme l'on sçait, doit servir pour exciter l'attention & pour préparer l'esprit à ce que l'on doit dire dans la Narration. C'est aussi pourquoy, avant que de rien demander par l'Oraison Dominicale, nous prononçons ces quatre parolles, *Noſtre Pere qui es aux cieux.* Mais afin d'en remarquer la beauté, il faut observer que cét Exorde est bien different de ceux que nous mettons à la teste de nos Discours ordinaires, parce que noſtre disposition doit aussi estre bien differente, lors que nous parlons à Dieu, ou que nous nous adressons aux hommes. Si ce ſont des hommes à qui nous parlons, ils cherchent leurs intereſts & non pas le noſtre, ils ne prennent ordinairement aucune part à noſtre bien, s'ils n'y trouvent de l'avantage. C'est pourquoy l'induſtrie de ceux qui ont quelque grace à obtenir de leur faueur, est de s'eſtudier d'abord à captiver leur bien-veillance, & d'exciter leur attention par vn Exorde qu'ils leurs adreſſent. Mais ſi c'est à Dieu que nous avons à faire, ſi c'est de ſa miſericorde qu'il faut obtenir quelque grace, nous n'avons pas beſoin d'employer vn ſemblable artifice pour le rendre attentif ; il nous aime le premier, comme dit l'Eſcriture, & il s'intereſſe dans noſtre bien plus que nous ne faiſons nous-meſmes ; c'est pourquoy l'ordre est icy tout à fait renverſé ; l'Exorde est neceſſaire, non pas pour celuy qui écoute, mais pour celuy qui parle ; il n'est pas neceſſaire d'exciter l'attention de Dieu, qui est toûjours preſt d'entendre nos prieres ; mais il n'est question

question que d'exciter l'attention de l'homme qui prie, & qui n'en a pas tousiours la disposition. En effet l'Éxorde de l Oraison Dominicale n'est pas pour Dieu, il n'est que pour nous, & il ne semble préceder les demandes que pour exciter dans nous l'attention & la confiance que nous obtiendrons ce que nous allons demander.

Car quelles conditions, je vous prie, sont necessaires pour avoir vne confiance raisonnable que nous obtiendrons ce que nous demandons ? Il ne faut que deux choses, à sçavoir que nous soyons assurez que celuy à qui nous nous adressons a la volonté de nous rendre service ; & de plus qu'il en a la puissance. Ainsi nous ne nous adressons jamais qu'avec peine & avec répugnance à vne persône pour luy demãder quelque faveur, quand nous ne sommes pas assurez qu'elle possede ces deux qualitez. Nous disons bien quelquesfois, cét homme est mon amy, il veut mon bien ; mais son pouvoir n'est pas si grand que sa volonté. Nous disons d'autresfois, cét homme a le pouvoir de m'accorder la faveur que je luy demande ; mais je ne sçais s'il est assez mon amy pour le vouloir. Or la mesme chose ne nous arrive pas, quand c'est à Dieu que nous nous adressons ; car nous ne pouvons pas douter qu'il ne nous aime, & qu'il ne vueille parfaitement nostre bien, puis qu'il est nostre Pere, & que nous sommes ses Enfans ; nous ne pouvons pas aussi douter qu'il n'ait assez de puissance, puis qu'il est dans le Ciel, & qu'il est Tout-puissant : & par conse-quent cét Exorde est suffisant pour nous donner de

Oratio non porrigitur Deo, vt ipsum flecta-mus, sed vt in nobis ipsis fidu-ciam excitemus postulandi, quæ quidem præcipuè excitaturin nobis considerãdo eius charitatem adnos quã bonum no-strũ vult : & ideo

l'attention dans la Priere, & pour appuyer noftre confiance, puis que nous exprimons la bonne volonté de Dieu en l'appellant *Noftre Pere*, & fa Puiffance infinie, en adjoûtant, *qui es dans les cieux.*

Aprés l'Exorde, nous avons la Narration, qui contient toutes nos neceffitez, & qui renferme les fept demandes, dont nous allons admirer l'ordre. Et enfin, aprés la Narration nous avons la Conclufion, qui eft courte à la verité pour répondre au refte, & qui n'eft contenuë que dans vn feul mot *Amen,* que nous traduifons en François, *Ainfi foit-il,* parce que nous n'avons pas de mots affez énergiques pour exprimer ce que renferme ce petit mot ; & ceux qui fçavent l'Hebreu, remarquét expreffément qu'il fignifie vn defir ardent, & vn empreffement que l'on a que quelque chofe fe faffe promptement, & fans aucun delay.

Voyons maintenant l'ordre de la Narration, éxaminons les demandes qu'elle contient, & prouvons que l'on ne fçauroit rien demander à Dieu qui n'y foit renfermé, & avec vn ordre tout à fait admirable.

La Priere eftant l'interprete du defir, il ne faut demander, dit le Docteur Angelique, que les chofes que nous pouvons defirer, & dans l'ordre que fe forment nos defirs : or il eft certain que tout ce que nous pouvons defirer, fe rapporte ou à la fin, ou aux moyens. Et l'experience nous fait affez voir que nous defirons toufiours la fin avant que de nous porter aux moyens, puis que nous ne defirons les moyens qu'en veuë de la fin que nous nous

sommes propolez ; c'est pourquoy toutes les demandes du *Pater* regardent ou la fin, ou les moyens;
& les deux premieres qui regardent la fin , précedent les cinq autres qui regardent les moyens.

Pour ce qui est de la fin, qui est la Beatitude &
la gloire éternelle , nous pouvons la desirer ou en
elle-mesme & par rapport à Dieu, ou dedans nous
& par rapport à nous. Nous demandons la gloire
de Dieu en elle-mesme , lors que nous demandons que *son Nom soit sanctifié*; & nous demandons
cette gloire par rapport à nous, quand nous demandons que *son Royaume nous advienne* , c'est à dire
que nous y regnions auec luy.

S'il y a de l'ordre dans les demandes qui regardent la fin , il n'y en a pas moins dans celles qui
regardent les moyens; car nous devons premierement desirer les moyens qui nous conduisent d'eux
mesmes à la fin, & ensuite ceux qui n'y conduisent
que par accident. Les biens nous y conduisent par
eux mesmes , & l'éloignement des maux ne nous y
conduit que par accident : C'est pourquoy nous
demandons les biens par la troisiéme & quatriéme
demande, avant que de demander l'éloignement des
maux par les trois dernieres.

Les biens qui sont necessaires pour arriver à la
gloire, nous y conduisent ou directement & comme
des causes principales, ou indirectement & comme
des causes instrumentelles. Les biens qui nous
conduisent directement à la gloire sont les bonnes
œuvres, & les merites que nous avons en execu-
tant les Commandemens de Dieu. C'est pourquoy

nous demandons par la troisiéme demande que *sa volonté soit faite & accomplie en la Terre comme au Ciel.* Les biens qui nous conduisent à la gloire indirectement, & comme des instrumens, sont les aliments & les autres necessitez de la vie presente, que nous demandons en disant *donnez nous aujourd'huy nostre pain quotidien* dans la quatriéme demande.

Les maux qu'il faut éloigner de nous, & qui nous empeschent d'arriver à nostre fin, sont aussi disposez suivant l'ordre des biens que nous dévons rechercher ; car comme nous venons de dire, nous demandons premierement de joüir de la gloire de Dieu. 2. D'avoir des merites qui nous y conduisent directement ; & enfin d'avoir les necessitez temporelles qui sont requises pour la vie présente. C'est pourquoy nous demandons par rapport à ces biens que Dieu nous delivre du peché, de la tentation, & des afflictions temporelles. Le peché nous exclud directement de la gloire, & empesche que nous n'obtenions ce que nous demandons en disant *Vostre Royaume nous avienne,* C'est pourquoy nous adjoûtons *Pardonnez-nous nos offenses.* La tentation empesche que nous n'observions les Commandemens de Dieu, & que nous n'obtenions ce que nous demandons en disant *Vostre volonté soit faite,* & ainsi nous adjoûtons *Ne nous induisez point en tentation.* Enfin les afflictions differentes, comme les maladies, la pauvreté &c. empeschent que nous n'ayons la suffisance de nostre vie qui est necessaire pour meriter, & que nous demandons soubs le nom de *Nostre pain quotidien;*

3.
Fiat voluntas tua sicut in cœlo & in terra.

4
Panem nostrum quotidianum da nobis hodie.

5
Dimitte nobis debita nostra, sicut & nos dimittimus debitoribus nostris

6
Et ne nos indu cas in tentationé

C'est pourquoy nous finiſſons en diſant *Delivrez nous de tout mal.*

Quoy que l'ordre & le contenu de ces demandes ſoit tout à fait admirable: on peut neanmoins faire quelque difficulté ſur les trois premieres, & dire qu'elles ſemblent inutiles, puiſque l'on y deman-de des choſes qui ſont neceſſairement, & qui ne ſçauroient ne pas eſtre. Car ſuivant le témoigna-ge de l'Ecriture, premierement le nom de Dieu eſt tousjours Saint ; Secondement ſon Royaume eſt éternel ; Et enfin ſa volonté s'accomplit tous-jours: & par conſequent c'eſt vne choſe inutile de demander que le nom de Dieu ſoit ſanctifié, que ſon Royaume arrive, & que ſa volonté ſoit faite.

Mais il eſt facile de répondre auec Saint Augu-ſtin, & d'accorder tous ces paſſages. Car quand nous demandons que le nom de Dieu ſoit ſanctifié, nous ne demandons pas qu'il ſoit Saint en luy meſme, puis qu'il l'eſt touſiours independammēt des hom-mes ; mais nous demandons, comme dit ce Pere, qu'il ſoit Saint à noſtre égard, c'eſt à dire que nous ne le prophanions point par nos parjures & par nos irreverences, mais que nous luy portions le reſpect qui eſt deub à ſa ſaincteté.

2. Quand nous demandons que le Royaume de Dieu arrive, nous n'entendons pas qu'il arri-ve à Dieu meſme, puiſque ſon Royaume eſt éter-nel: mais nous demandons ſeulement qu'il nous arrive, afin que nous en puiſſions joüir, & y regner avec Dieu.

Sed libera nos à malo.

Sanctum nomen eius *Luc.*
Regnum tuum Domine regnum omnium ſæculo-rum *Pſal.* 144
Omnis voluntas mea fiet *Iſ. c.* 45

Cum dicimus *ſan-ctificetur nomen tuum*, nos ipſos admonemus deſi-derare, vt nomen eius quodſemper ſanctum eſt , etiā apud homines ſā-ctū habeatur, hoc eſt non contem-natur, quod non Deo, ſed homini-bus prodeſt.
S. Aug. Ep. ad prob

In eo quod dici-mus *adueniat re-gnum tuum*, quod ſeu velimus, ſeu nolimus, vtique veniet, deſideriū noſtrum ad illud regnum excita-mus, vt nobis ve-niat, atque nos in eoregnāremereā-mur *S. Au. ibidem*

Enfin lors que nous demandons que la volonté
de Dieu soit faite, nous ne demandons pas simplement, que les causes secondes soient soumises à la
premiere, & qu'il n'arrive rien contre ce qu'il a determiné de toute éternité ; mais nous demandons
seulement la grace d'accomplir ses Commandemens, & de luy obeïr icy bas sur la Terre, comme
les Anges font dans le Ciel.

On peut objecter en second lieu, que l'ordre des
demandes semble estre bien contraire à l'ordre naturel, puisque l'on y demande les biens par les
quatre premieres demandes, & l'on demande l'é-
loignement des maux par les trois dernieres ; car on
travaille tousiours à se delivrer du mal avant que
de songer à acquerir du bien. Par exemple, il faut
avoir ses pechez remis pour regner avec Dieu dans
la gloire éternelle ; il faut estre delivré de la tentation
pour faire la volonté de Dieu , & executer ses
Commandemens ; enfin il faut estre à couvert des
maux temporels pour jouïr du pain quotidien,
c'est à dire des commoditez de la vie.

Ie répond avec Saint Thomas, que si l'on suit
à la verité l'ordre de l'execution, l'on passe par les
moyens avant que d'arriver à la fin, & ainsi l'on
doit éloigner le mal avant que d'obtenir la possession du bien : mais si l'on suit l'ordre des desirs &
de l'intention, comme on est obligé de le suivre
dans la priere, puisqu'elle est l'interprete des desirs,
la fin précede tousjours les moyens, par ce que l'on
ne desire les moyens qu'en veuë, & par rapport à
la fin ; & ainsi l'on desire la joüissance du bien avant

que de songer à l'éloignement du mal ; c'est pourquoy les demandes de l'Oraison Dominicale sont
disposées dans vn ordre, qui paroist d'autant plus
beau, qu'on l'examine davantage.

Enfin, dira encore quelqu'vn, cette priere n'est-
elle point trop courte ? Est-il possible qu'elle renferme tous nos besoins, & qu'il ne soit pas permis
aux Chrestiens d'employer d'autres prieres pour
s'addresser à Dieu dans les differentes necessitez de
cette vie ?

Ie répond avec Saint Augustin, que quoy qu'il
nous soit libre d'employer quelquesfois d'autres
parolles dans nos prieres pour faire ces mesmes demandes, il ne nous est pas libre neanmoins de faire d'autres demandes que celles que cette priere
toute divine nous a marquées. Car quelques autres parolles que nous employons dans la suitte de
nos prieres, soit pour témoigner à Dieu nostre fer-
veur, où pour l'augmenter par la réflexion que
nous y faisons : il est certain, dit ce Pere, que si
nous prions comme nous devons prier, tout ce que
nous disons ne signifie autre chose que ce qui est
compris dans cette divine Oraison que nostre Seigneur luy mesme nous a enseignée.

En effet, poursuit-il, quand nous empruntons
quelquesfois des prieres de l'ancien Testament, &
que nous disons par exemple à Dieu, *Seigneur faites
vous connoître & honnorer par toutes les Nations, comme vous vous estes fait connoître & honnorer parmy nous.
Faites voir que vos Prophetes sont fidelles & veritables ;* nous ne disons autre chose que ce que si-

Liberum est aliis
atque aliis verbis,
eadem tamen in
orãdo dicere, sed
non debet esse li-
berum alia dicere
s. Aug. Ep. ad prob.

Nam quælibet
alia verba dica-
mus, quæ affectus
orantis vel præ-
cedendo format
vt clarear, vel cõ-
sequendo atten-
dit vt crescat, ni-
hil aliud dicimus
quàm quod in ista
oratione dominí-
ca positum est, si
recte & congru-
enter oramus.
S. Aug. ibidem.

Qui enim dicit
*clarifica te in om-
nibus gentibus si-
cut clarificatus es
in nobis, & Pro-
pheta tui fideles
inueniatur* Ec. 36
quid aliud dicit,
quàm *sanctifice-
tur nomen tuum?*
S. Au. Ep. ad prob

Qui dicit, Deus virtutum conuerte nos, & ostende faciem tuam, & salui erimus? Quid aliud dicit quàm, adveniat regnum tuum?

Qui dicit itinera mea dirige secundum verbum tuum, & ne dominetur mei omnis iniquitas. Psal. 118. quid aliud dicit, quam fiat voluntas tua sicut in cælo, & in terra? Aug. ibid.

Qui dicit paupertatem & divitias ne dederis mihi Prov. 30. quid aliud dicit, quam panem nostrum quotidianum da nobis hodie?

Qui dicit memento Domine David & omnis mansuetudinis eius Ps. 131. aut Domine si feci istud, si est iniquitas in manibus meis. Si reddidi retribuentibus mihi mala. Ps. 7. Quid aliud dicit quà dimitte nobis debita nostra, sicut & nos dimittimus debitoribus nostris?

Qui dicit, aufer à me concupiscentias ventris, & desiderium concubitus ne apprehendat me Eccles. 23. quid aliud dicit quàm ne nos inducas in tentationem?

Qui dicit erue me de inimicis meis Deus, & ab insurgentibus super me libera me psal. 58. quid aliud dicit quam libera nos à malis. Aug. ibid.

gnifient ces parolles: *Que vostre Nom soit sanctifié.*

Quand nous disons, *Dieu des Vertus convertissez nous, monstrez nous vostre visage, & nous serons sauvez.* Nous disons la mesme chose que ces paroles: *Que vostre regne nous arrive.*

Quand nous disons, *conduisez nos voyes suivant vostre sainte parole, afin que l'iniquité ne domine point en nous,* nous disons la mesme chose que ces parolles: *Que vostre volonté soit faite sur la Terre comme au Ciel.*

Quand nous disons, *Ne nous donnez ny la pauvreté ny les richesses, mais seulement ce qui est necessaire pour la vie,* Nous disons la mesme chose que ces parolles: *Donnez nous aujourd'huy nostre pain de chaque jour.*

Quand nous disons *Seigneur souvenez vous de Dauid & de son extréme douçeur.* Ou bien: *Seigneur si j'ay commis cette faute, si mes mains sont pleines d'iniquité, & s'il se trouve que j'aye jamais rendu le mal pour le mal, &c.* Nous disons le mesme que si nous disions, *pardonnez nous nos offenses, comme nous pardonnons à ceux qui nous ont offensé.*

Quand nous disons, *Guerissez nous de la gourmandise, & préservez nous des desirs de l'impureté.* Nous ne disons autre chose sinon: *Ne nous abandonnez pas à la tentation.*

Enfin quand nous disons. *Delivrez nous de nos ennemis & de tous ceux qui s'élevent pour nous perdre.* Que disons nous autre chose, sinon: *Delivrez nous du mal?*

Tellement

Tellement que si nous parcourons, dit ce Pere, toutes les saintes prieres que nous lisons dans l'ancien Testament, nous n'en trouverons pas vne seulle, qui ne soit comprise dans cette priere du Seigneur.

Et pour ce qui est des autres prieres, qui n'ôt point de rapport à l'Oraison Dominicale, si elles ne sont pas blâmables & deffendües; au moins peut on dire qu'elles sont bien terrestres & bien charnelles. Mais oseroit-on soustenir qu'elles ne soient pas blâmables & deffendües à l'égard de ceux qui ayant receu vne naissance toute spirituelle, ne doivent sans doûte plus prier que d'vne maniere toute spirituelle & toute sainte.

De sorte que si quelqu'vn disoit à Dieu dans sa priere, Seigneur multipliez mes richesses à l'égal de celles d'vn tel, ou d'vn tel: ou bien, élevez moy dans vne plus grande condition: ou bien, faites que j'aye plus d'honneur, de puissance, & d'authorité dans le monde; ou quelque autre chose semblable: Si quelqu'vn dis-je demandoit à Dieu ces biens terrestres, non par vn loüable desir de pouvoir mieux procurer le salut des autres, mais par vne pure cupidité qui ne le porteroit à les souhaitter que pour en joüir & se satisfaire soy mesme; pouroit il esperer de trouver dans l'Oraison du Seigneur rien de conforme à ses demandes si basses & si humaines? Qu'il ayt donc honte de demander à Dieu ce qu'il n'a pas eu honte de desirer: & si la cupidité l'emporte pardessus la honte, qu'il demande pluftot à celuy à qui nous disons,

O

Et si per omnia precationum sanctarum verba discurras, quantùm existimo, nihil inuenies, quod nô ista dominica côtineat & concludat oratio. S. Aug. ibidem

Quisquis autem id dicit, quod ad istam Evangelicam precem pertinere non possit, etiamsi nô illicitè orat, carnaliter orat: quod nescio quemadmodum non dicatur illicitè, quandoquidem Spiritu tenatos, non nisi spiritualiter decet orare. S. Aug. ibidem.

Qui autem dicit in Oratione, verbi gratia, Domine multiplica divitias meas, aut da mihi tantas, quantas illi vel illi dedisti, aut honores meos auge, aut fac me in hoc sæculo præpotenté atque clarentem, vel si quid hujusmodi est: & hæc dicit corû habens concupiscentiam, non id attendens vt ex eis secûdùm Deum prosit hominibus; puto eû non inuenire in Oratione Dominica, quo possit hæc vota coaptare. Quamobrem pudeat saltem petere quæ non pudet cupere: aut si & hoc pudet, &

Seigneur délivrez nous du mal, qu'il le délivre d'vne si dangereuse cupidité.

Ces réflexions Chrestiennes sont accompagnées de quantité d'autres dans la Lettre que saint Augustin escrit à Probe. C'est pourquoy je crois que ceux qui en voudront estre plainement instruits, ne sçauroient mieux faire, que d'avoir recours à cette source, pour y puiser les veritables maximes du Christianisme touchant la priere. Et nous cependant pour suivre, nostre dessein, nous passerons à d'autres matieres, qui ne sont pas moins importantes que les précedentes.

CHAPITRE SECOND.

Où il est expliqué comment Dieu peut mouvoir la volonté de l'homme, & la faire agir par sa grace.

CE seroit trop entreprendre, que de vouloir expliquer icy tous les ressors de la grace, & d'entrer dans la discution de ces questions sublimes & relevées, que les Peres ont tousiours considerées cóme l'écueil de la raison humaine, & où les Theologiens s'égarent souvent, avec d'autant plus de peril, qu'ils les veulent approfondir davantage. Nous nous contenterons d'examiner en general, si Dieu peut estre en quelque maniere la cause de nos actions, & s'il peut produire en nous quelques mouvemens. Surquoy, pour ne rien avancer que de certain, nous aurons recours à l'Ecriture Sainte, aux Peres, & à la lumiere naturelle.

Nous ne sçaurions ouvrir les Livres sacrez, que nous n'y trouvions vne infinité de passages, qui nous font assez connoistre la subordination essentielle qui est entre la Creature & le Createur, & qui nous marquent l'extreme necessité que nous avons de son secours pour produire la moindre de nos actions.

Le Prophete Isaie attribüe formellement à Dieu toutes nos ouvrages, en disant que c'est luy qui fait tout en nous.

David s'escrie que quelque part qu'il aille, soit dans le Ciel, soit méme dans l'Enfer, qu'il y trouve par tout le Seigneur, que c'est sa main qui le conduit, & sa droite qui le soustient dans toutes ses démarches.

Saint Jean dit que Dieu est l'Autheur de toutes choses, & que rien ne se peut faire sans luy.

Saint Paul dit aussi assez souvent que c'est Dieu qui travaille dans tous ceux qui font quelque chose, & qu'il donne à la volonté de vouloir & d'agir ; par ce que nous ne sçaurions rien faire sans luy, & que nous ne sommes pas suffisans de nous mémes d'avoir la moindre pensée, s'il ne nous ayde de son secours, & si sa grace ne dispose nos volontez pour embrasser les voyes qu'il nous à marquées dans ses Commandemens.

Saint Augustin s'explique assez clairement sur cette matiere, lorsqu'il dit que l'homme ne sçauroit avoir vne bonne pensée, ny former vn bon desir, ny faire vne bonne action, s'il n'est assisté de la grace ; & que c'est Dieu qui dispose nos vo-

---

Notes marginales :

Omnia opera nostra operatus est in nobis. *Isaiæ* 26.

Si ascendero in cœlum, tu illic es. Si descendero in infernum, ades ; etenim illuc manus tua deducet me & tenebit me dextera tua. *Psal.* 128.

Omnia per ipsū facta sunt, & sine ipso factum est nihil *Ioan.* 1.

Deus operatur omnia in omnibus. 1. *cor.* 11.

Deus qui operatur in nobis & velle & perficere pro bona voluntate sua. *Ad Phil.* 2.

Sine me nihil potestis facere. *Ioan.* 5.

Non sumus sufficientes ex nobis aliquid cogitare quasi ex nobis, sed omnis nostra sufficientia ex Deo est 2. *cor.* 3.

Præparatur voluntas à Domino *Prov.* 8.

Spiritum meum ponam in medio vestri, & faciam vt in præceptis meis ambuletis *Ezech.* 36.

Sine gratia nullum prorsus sive cogitando, sive volendo & amando, sive agendo faciunt homines bonum. *Aug. l. de cor. & gr. c. 2.*

Certum est nos servare mandata

lontez à vouloir l'execution de ses Commandemens, & qui nous donne les forces necessaires pour les accomplir. *Il est certain*, dit ce Pere, *que c'est nous qui voulons agir, & qui agissons effectivement, quand nous faisons quelque chose ; mais c'est Dieu qui fait que nous agissons, en répendant dans nos volontez les secours efficaces qui nous sont necessaires pour agir.* Tous ses Ouvrages sont remplis de semblables expressions, & principallement le 10. 11. 12. 13. & 14. Chapitres du Livre de la correction & de la grace.

Saint Thomas traite admirablement cette question dans la premiere partie de sa somme de Theologie, où apres plusieurs raisons qu'il apporte pour prouver la verité que nous avons avancée ; il conclud que Dieu ne donne pas seulement l'Estre aux Creatures ; mais qu'il les conserve encore dans cét Estre, & qu'il les applique toutes pour agir. De sorte qu'il est aussi bien le premier principe de leurs actions, comme il en est la derniere fin.

On pourroit encore adjouster icy plusieurs authoritez des Peres, qui confirmeroient la méme verité ; mais comme je ne croy pas qu'il y ayt personne qui ose la révoquer en doute, je me contenteray de finir cette preuve par les belles parolles qui se trouvent dans la premiere partie du Catechisme du Concile de Trente, *Dieu*, dit-il, *ne gouverne pas seulement toutes les choses qui existent par sa providence: mais sa puissance qui se trouve par tout respandu, porte de telle maniere les Creatures à agir, & à se mouvoir, qu'elle les dévance, & les prévient,*

quoy qu'elle ne leur oste point la vertu d'agir, qui est propre aux causes secondes ; & comme dit le Sage, elle
atteint d'vn bout à l'autre, & dispose de toutes choses
avec autant de force, que de douceur. C'est pourquoy
l'Apostre disoit aux Atheniens, en leurs preschant vn Dieu
qu'ils adoroient sans le connoistre : il n'est pas loing d'vn
chacun de nous, car nous vivons tous, nous agissons, &
nous existons par luy.

La lumiere naturelle s'accorde fort bien avec toutes
ces authoritez, & fait voir assez clairement, que
celuy qui produit en l'homme la volonté, & qui
luy donne toute la force & la puissance qu'elle a
d'agir, ne sçauroit se dépoüiller du pouvoir absolu, qu'il doit avoir sur elle iusque dans la moindre de ses actions, & qu'il peut porter ses inclinations vers tel objet qu'il luy plaira, Or on ne peut
douter que Dieu ne soit l'Autheur de la volonté
de l'homme, & que ce ne soit luy qui luy donne
& sa force, & sa maniere d'agir ; C'est pourquoy
nous devons conclure que Dieu meut & conduit
la volonté dans toutes ses actions, & qu'il la porte
interieurement où il luy plaist, en luy donnant
ses propres inclinations, comme dit fort bien le
Docteur Angelique.

Deplus, lors qu'vne cause est sous-ordonnée nécessairement à vne autre, non seulement pour
estre, mais aussi pour agir ; elle ne sçauroit produire aucune action, si elle n'est appliquée, & déterminée par celle dont elle dépend, ou autrement
il n'y auroit pas subordination entiere : Par exemple, vne plume ne peut escrire, ny vne coignée cou-

ciam non impe-
diat, præveniat
tamen, cum ejus
intima vis ad sin-
gula pertingat, &
quemadmodum
sapiens testatur,
attingat à fine vs-
que ad finem for-
titer, & disponat
omnia suaviter.
Quare ab Apo-
stolo dictum est
cum apud Athe-
nienses annūtia-
Dret eum quem
ignorantes cole-
bant : non longe
est ab vnoquoq,
nostrum, in ipso
enim vivimus,
movemur, & su-
mus.

Interiùs eam in-
clinando S. Th. i.
p. q. 105. art. 1.

per, sans estre remüée par la main de quelqu'vn qui la conduise : Or comme l'homme est vne cause seconde, & particuliere, il est sous-ordonné essentiellement pour estre & pour agir à la cause premiere & vniverselle, qui est Dieu : & par consequent il ne sçauroit agir s'il n'est fortifié continuellement de son secours dans toutes ses actions.

Ce qui n'empesche pas pourtant que l'homme n'agisse à méme temps tres librement, & qu'il ne fasse des actions qui luy appartiennent en telle sorte, qu'il en peut recevoir du blasme ou de la loüange. Car comme dit Saint Thomas, *Dieu meut toutes choses suivant leur nature, & il ne donne pas seulement aux causes secondes leurs actions ; mais il fait qu'elles les exercent d'vne façon qui leur est propre & naturelle. C'est pourquoy comme les actions des causes naturelles ne laissent pas de se faire tres naturellement, quoy que Dieu les détermine : Les actions aussi des causes libres ne laisseront pas de se faire avec tres grande liberté, quoy que Dieu en soit la cause premiere.* En effet, il donne aux hommes la force de se déterminer eux mémes, *& en faisant agir leurs volontez, il ne les contraint pas, puis qu'il leur donne méme leurs propres inclinations.*

On peut faire quelque difficulté sur les actions mauvaises, & demander comment nous pouvons concevoir que Dieu pousse toujours la volonté à agir, veu que ce seroit vne tres grande impieté, que de le rendre autheur du peché, & luy attri-

Deus est prima causa movens & naturales causas & voluntarias, & sicut naturalibus causis movendo eas non aufert quin actus earum sint naturales : ita movendo causas voluntarias non aufert quin actiones earum sint volsitariæ, sed potius hoc in eis facit, operatur enim in vnoquoque secundùm ejus proprietatem *S. Th. 1. p. q. 83. a 1*

Deus movendo voluntatem, non cogit ipsam, quia dat ei ejus propriâ inclinationé. *1. p. q. 105. a 4.*

Odio est Deo impius & impietas ejus. *Sap. 14.*

buer ce qui n'est que l'objet de sa haine & de son aversion.

Mais il est facile d'expliquer cecy, en distinguant avec Saint Thomas deux choses, qui se rencontrent dans toute action mauvaise ; Car il y a l'action même, qui est vne chose réelle, & qui marque quelque perfection dans celuy qui agit ; & il y a de plus vn certain défaut, & vn manquement dans cette action, qui consiste en ce qu'elle n'a pas toute la rectitude & la conformité à la Loy éternelle, qu'elle devroit avoir. Il est bien vray que Dieu en mouvant la volonté, est cause de tout ce qu'il y a de réel & de physique dans l'action mauvaise ; mais il n'est en aucune maniere la cause du défaut qui s'y rencontre. Car ce défaut n'estant rien de réel, mais seulement vn manquement de la rectitude qui dévroit s'y rencontrer, il n'est pas necessaire d'en rechercher d'autre cause, que celle qui est fragille de sa nature, & qui est sujette au manquement, comme est la volonté de l'homme : tout de même que le défaut qui se rencontre dans vn boireux, lors qu'il marche, ne s'attribuë pas à la faculté motrice, qui est la veritable cause de tout ce qu'il y a de réel & de physique dans le mouvement de cét homme ; mais seulement au recourbement de la jambe, qui est l'vnique cause de tout ce qui s'y trouve de deffectueux.

Actus peccati & estens, &est actus & insuper defectû habet aliquem, scilicet malitiam, In quantum est ens, est à Deo; omne enim ens quocumq; modo sit, oportet quod derivetur aprimo ente. Defectus autem est ex causa creata, scil. ex lib. arb. in quantum deficit ab ordine primi agentis scilicet Dei, vnde defectus iste non reducitur in Deû sicut in causam, sed in liberum arbitrium Sicut defectus claudicationis reducitur in tibiam curvâ sicut incausam, nô autem in virtuté motivam, à quâ tamen causatur quidquid est motionis in claudicatione. Et secundûm hoc Deus est causa actus peccati, non est tamê causa peccati, quia non est causa hujus, quod actus sit cum defectu. S. Th. 1. 2. q. 79. a 2.

CHAPITRE TROISIEME.

Où il est expliqué comment les Anges, & les Demons agissent sur nos volontez.

LES preuves que nous venons d'apporter pour faire voir que Dieu agit sur nos volontez, prouvent en même temps qu'il n'y a que luy seul qui ayt cét advantage, & que toutes les creatures ensemble ne sont pas capables d'apporter aucun changement dans nos inclinations.

En effet, pour pouvoir agir interieurement sur nos volontez, & pour leur imprimer quelques mouvemens, il faut en estre la cause, & y pouvoir produire les differentes inclinations qui s'y rencontrent : Or il n'y a que Dieu seul qui soit l'autheur de nos volontez, & qui puisse y former toutes les inclinations qu'il luy plaist ; & par consequent ce n'est qu'à luy seul qu'il appartient de les mouvoir, & de les appliquer interieurement.

Les Anges donc, & les Demons n'agissent sur nos volontez qu'exterieurement. Et cela se fait où en leur proposant differamment quelque objet, ou en excitant quelques passions dans la partie inferieure. Car nostre volonté ne manque jamais de ressentir quelque mouvement, dés aussi tost qu'vn objet luy est representé sous les apparences d'vn bien, ou d'vn mal ; & l'on ne voit que trop souvent que la passion qui s'allume dans la partie inferieure, emporte la superieure, & assujettit celle
qui

qui luy devroit commander. Or il ne faut pas
douter que les Anges ne sçachent le moyen de
faire qu'vn objet nous paroisse d'vne telle, ou
telle maniere, en communiquant quelques lumieres à nostre esprit, qui nous en fassent apperce-
voir les differentes faces. Il est aussi certain qu'en
agitant nos humeurs & nos esprits animaux, ils
peuvent mouvoir l'imagination, & y faire naistre
quelques especes qui soient suivies de passions fort
differentes: & par consequent nous avons raison
d'asseurer que les Anges peuvent en quelque sens
causer du changement dans nos volontez, & les
faire agir.

Mais il ne faut pas croire pour cela, qu'ils puissent
agir sur nous avec autant d'efficacité, que feroit
Dieu méme; Car, comme remarque fort bien S.
Thomas, la volonté ne se laisse pas tousiours aller
aux persuasions de ceux qui la conseillent, & elle
ne suit pas tousiours la violence des passions qui la
préviennent.

Il faut pourtant que cecy nous serve d'instru-
ction, & nous aprenne à ne nous pas laisser aller
à toutes nos pensées, ny à tous nos mouvemens;
Car si d'vn costé nous avons, suivant le témoignage de l'Ecriture, des Anges Gardiens qui nous
conduisent dans toutes nos actions: nous avons
aussi des Demons qui nous suggerent continuellement des mauvaises pensées, & qui tournoyás sans
cesse autour de nous comme des lions rugissans,
ne cherchent qu'a dévorer nos ames. C'est pourquoy S. Iean nous avertit que nostre application

particuliere doit estre à bien examiner d'où nous
peuvent venir les pensées que nous avons. Et
dans la difficulté qu'il y a de le sçavoir, il est indubitable que nous devons tousjours en juger par rapport à la Loy, & aux Commandemens de Dieu. Car
vn bon Ange ne nous portera jamais à rien entreprendre contre la volonté divine, au lieu que tout
le but d'vn Demon n'est que de nous en separer.

Mais qui peut sçavoir, me direz vous, si les bons
& les mauvais Anges nous suggerent quelquefois
des pensées, & s'ils excitent en nous les passions
que nous ressentons ? y a-til quelqu'vn qui l'ayt
jamais esprouvé en soy mesme, & qui ayt pû s'en
assurer en quelque façon ?

Ie responds avec Saint Thomas, qu'il n'est pas nécessaire que l'on s'en soit quelque-fois apperçeu;
parcequ'il est tres possible que l'on connoisse vn
objet fort clairement, sans que l'on sçache pour
cela quel est le principe qui nous en procure la
connoissance. Par exemple, nous connoissons plusieurs veritez naturelles, sans sçavoir ce que c'est
que l'entendement qui nous les fait connoistre;
Nous voyons differens objets par les yeux corporels, sans pouvoir pourtant distinguer dans quelle
partie de l'œil se fait la Vision; Nous nous trouvons
souvent joyeux, ou en cholere, sans sçavoir quelle
est l'agitation des esprits qui produit en nous ces
passions. Et ainsi il ne faut pas s'estonner si nous disons qu'vn Ange peut bien contribuer à nous faire
avoir quelque connoissance, & peut méme exciter
en nous quelques passions, sans que nous nous

appercevions que c'est luy qui en est la cause.

CHAPITRE QVATRIEME.

Où il est expliqué comment les hommes sont principes de nos actions, & où il est parlé des Loix.

SI les Anges n'agissent qu'improprement sur nos volontez, & sur les actions interieures qui se passent au dedans de nous mémes: on peut dire que les hommes y agissent encore moins, puis qu'ils n'ont que la voye de conseil, par laquelle ils nous proposent vn méme objet sous differentes faces, & s'efforcent de nous en inspirer l'amour ou la hayne, sans qu'ils puissent pourtant se flatter de l'esperance de surmonter nos inclinations; C'est aussi pourquoy tous les Commandemens, & toutes les Loix qu'ils nous imposent, ne regardent que nos actions exterieures. Et en effet ce seroit en vain qu'ils prétendroient régler nos actions interieures, puis qu'il leur est impossible de juger d'vne chose qu'ils ne sçauroient connoître.

Comme donc les Loix sont les moyens, dont se servent les hommes pour régler les actions exterieures de ceux qui leur sont soûmis, il sera bon de dire icy quelque chose de la Loy humaine, & d'expliquer en quoy elle convient, & en quoy elle differe de toutes les autres.

S. Thomas dit que la Loy en general n'est autre chose *qu'vn Commandement, ou vne régle qui vient de la raison de celuy qui commande, pour conserver le bien*

Lex nihil est aliud quam quædã rationis ordinatio ad bonum com-

mune, ab eo qui curam communi-
tatis haber pro-
mulgata, 1. 2. q.
90. a. 4.

public, & qui doit estre connüe de tous ceux qu'elle regle.
Surquoy nous pouvons faire ces quatre remarques. 1. La Loy estant vn Commandement, elle appartient necessairement à la raison. 2 Comme il n'y a que celuy qui doit commander aux autres qui puisse les contraindre à quelque chose, il n'y a aussi que luy seul qui puisse faire des Loix. 3. Le bien commun est la fin de la Loy, & ceux à qui il appartient d'executer les ordres de la Providence divine doivent imiter Dieu qui ne commande jamais que pour le bien de ses Creatures. Enfin la Loy estant vne régle, elle doit estre appliquée aux choses qu'elle doit régler; C'est pourquoy les hommes en doivent avoir la connoissance, pour estre obligez de luy obeïr, & la publication, comme disent les Jurisconsultes, est de l'essence de la Loy,

S. Thom. 1. 2. q.
94. a. 2.

La nature de la Loy estant ainsi expliquée, il n'est pas difficile d'entendre ce que Saint Thomas adjouste de ses quatre effets. Car il est assez clair qu'elle doit, 1. commander les actions qui sont loüables. 2. Deffendre celles qui sont mauvaises. 3. Permettre les indifferentes. Et enfin punir ceux qui font ce qu'elle deffend, ou qui ne font pas ce qu'elle commande.

La Loy est ou éternelle, ou naturelle, ou positive.

Lex æterna est
summa ratio cui
semper obtéperá-
dum est, aug. l.1.
de lib. arb. c. 6.

La Loy éternelle, selon Saint Augustin, est *la raison divine qu'il faut suivre en toutes sortes de rencontres.* Mais pour bien entendre cette definition, il faut remarquer que la raison divine peut estre considerée ou en tant qu'elle produit toutes choses, ou

en tant qu'elle conduit tous les mouvemens de ses
creatures, & les rapporte à leur derniere fin. Sous
la premiere consideration, elle s'appelle idée divine; & sous la derniere, elle porte le nom de Loy
éternelle, par ce que Dieu a connu de toute éternité l'ordre qu'il falloit garder pour le gouverne-
ment de cét Vnivers, & comment il falloit conduire toutes choses à leur propre fin.

Cette Loy éternelle est, comme dit Saint Augustin, la régle & le fondement de toutes les Loix
qui sont necessaires pour la conservation des Ré-
publiques; Car puisque ceux qui les gouvernent
doivent éxecuter les ordres de la providence divine, leurs Loix doivent estre conformes à la Loy
éternelle. Il ne faut pourtant pas s'imaginer que
les hommes la puissent connoistre en elle méme
dans cette vie (puisqu'il faudroit pour cela connoi-
tre clairement l'essence divine) mais ils ne la peuvent connoistre que par ses effets, c'est à dire par
les principes de la Loy naturelle, qui sont imprimez dans l'Ame de tous les hommes. Et encore
cette connoissance n'est elle pas égale en tous;
car elle est fort obscurcie dans les meschans par
la violence de leurs passions; au lieu qu'elle s'aug-
mente de plus en plus dans les gens de bien par les
nouvelles lumieres qu'ils reçoivent & de la foy &
de la sagesse.

La Loy naturelle est vne lumiere qui est naturellement imprimée dans nos Ames, & dont le propre effet est de nous découvrir le bien qui doit exciter nos desirs, & le mal que nous devons éviter.

*In temporali le-
ge nihil est justū
ac legitimū, quod
non ex lege æter-
na homines sibi
derivaverunt l. 1.
de lib. arb. c. 5. &
6.*

*Omnis enim co-
gnitio veritatis
est quædam irra-
diatio & partici-
patio legis æternæ
quæ est veritas in-
commutabilis. S.
Aug. l. de ver. re-
lig. c. 18.*

Cette Loy est vne image de la Loy éternelle, & vne participation de la premiere raison, puisqu'elle ne nous conduit qu'à ce qui est honneste, & qu'elle nous fait connoistre assez distinctement que lorsque la partie inferieure assujettit la superieure à son empire, c'est vn dereglement qui destruit la beauté de toutes nos actions.

C'est sans doute de la lumiere de cette Loy, que veut parler l'Apostre, lors qu'il dit que *les Payens mêmes font naturellement ce que les Loix nous ordonnent.* Car comme adjouste la glose ordinaire, *s'ils n'ont point de Loy escrite, ils ont au moins vne Loy naturelle.*

Gentes quæ legem non habent, naturaliter ea quæ legis sunt faciunt. Rom. 2.

Si non habent legem scriptam, habent tamen legem naturalem.

Les Loix positives sont celles que Dieu, ou les hommes ont establies par rapport aux principes generaux de la Loy naturelle, afin de régler toutes les actions des hommes, & de réparer les lumieres que le peché avoit effacées dans leurs Ames.

Ces Loix positives sont ou divines, ou humaines. Les divines sont contenuës dans l'ancien & dans le nouveau Testament, comme nous avons dit dans le premier Chapitre de cette Dissertation.

Les Loix humaines, que la Iurisprudence a pour objet, sont ou particulieres à certaines Villes & Provinces, & on les appelle *Coûtumes*; ou communes à plusieurs peuples, & on les appelle simplement *Le Droit*; dont il y a encore deux especes; car ces Loix sont ou sacrées & Ecclesiastiques, & leur assemblage s'appelle *Le Droit Canon*; ou elles sont seculieres & propres à toutes sortes de perfonnes , & on les appelle le *Droit Civil*.

Les Loix humaines ont esté tirées de la Loy naturelle; car comme dit Ciceron, *les hommes s'estant portez naturellement à quelques actions loüables & conformes à la raison, ils en ont reconnu l'vtilité par l'experience ; C'est pourquoy ils les ont authorisees d'abord par la coustume, & ensuitte ils les ont commandées par les Loix.*

Or ces Loix font nécessaires aux hommes, pour les destourner du vice par la crainte des peines; par ce qu'il est tres rare que les remonstrances & les conseils ayent assez de force pour les conduire à la perfection de la vertu.

Il faut pourtant bien remarquer qu'elles sont fort differentes des Loix divines : Car 1. les Loix humaines ne sont establies que pour régler nos actions exterieures : mais les divines réglent méme les mouvemens interieurs de nostre Ame. 2. Les Loix humaines ne deffendent que les vices qui peuvent destruire l'vnion des Citoyens qui composent vne République : mais les Loix divines ayant pour but d'vnir l'homme à Dieu , elles deffendent toutes sortes de vices. 3. Les Loix humaines n'ordonnent des punitions que pour les crimes qui ont esté commis : mais les divines punissent mesme la volonté qu'on a de les commettre.

Initium Iuris est à natura profectū. Deinde quædam in consuetudinem ex vtilitate rationis venerunt. Postea res à natura prsectas & consuetudine probatas legum metus, & religio sanxit. *Cicero lib. de inuent.*

CHAPITRE CINQVIE'ME.

*Où il est examiné, si les influences des Astres contribuent
en quelque maniere à nos actions.*

IL n'y à rien de si commun que de voir des gens
infatuez des folies de l'Astrologie judiciaire, &
des faiseurs d'horoscopes, qui se vantent par tout
de pouvoir prédire les divers évenemens qui doivent arriver dans la vie d'vn chacun, pourveu
qu'on leur permette seulement de consulter les
Astres, & d'examiner les constellations, qui domi-
noient à l'heure de la naissance. Ils soustiennent
que toutes les Estoiles sont comme autant de caracteres differens, qui suivant leurs differentes
conjonctions, composent ce beau Livre celeste, que
nous appellons le Firmament, dans lequel ceux qui
ont le don de pouvoir lire, peuvent découvrir
toutes les choses futures, comme si elles estoient
presentes, & donner toutes les assurances que l'on
peut souhaitter de l'advenir; côme, par exemple, si
vne guérre sera funeste ou favorable; si le naufrage
est à craindre pour vn vaisseau où l'on s'embarque;
si la famine ou la peste menacent quelque Royaume; si des personnes particulieres periront par le feu,
par le fer, ou par l'eau; si la fortune leur sera favorable, & les élevera aux premieres dignitez; &
generalement tout ce qui arrivera de bien ou de
mal aux Estats, aux Religions, aux Princes, aux Sujets, & à tout le monde sans aucune exception.

Je

Je ne m'eſtonne pas qu'il y ayt des perſonnes aſſez hardies, pour débiter ces penſées ridicules, pour les mettre ſous la preſſe, & les faire paſſer dans les Cercles, dans les Aſſemblées publiques, & dans les Palais des Princes. Car, comme dit vn Ancien, ils y trouvent leur compte, ils en retirent du proffit, & en font vn meſtier pour les faire ſubſiſter aux deſpens de ceux qu'ils duppent, & qu'ils attrapent par leurs belles parolles.

Mais mon eſtonnement eſt qu'il y ayt tant d'eſprits foibles qui ſe laiſſent abuſer par leurs promeſſes, qui les conſultent, & qui adjoûtent foy à leurs reſveries. Et apres en avoir recherché exactement la ſource, & le premier principe, je ne crois point qu'on le puiſſe mieux trouver qu'en remontant juſqu'au peché de nos premiers Peres. Car nous remarquons qu'ils devinrét prévaricateurs à la Loy de Dieu par vne trop grãde curioſité, & par vne malheureuſe envie qu'ils eurét de ſçavoir l'avenir, pour eſtre plus ſemblables à Dieu. Et comme nous participons tous de leur nature, & que nous entrons dans la corruption, au meſme inſtant que nous recevons la lumiere; nous faiſons ſans ceſſe la meſme faute, & nous reſſentons vne inclination naturelle de ſçavoir les choſes futures, & d'apprendre ce qui nous arrivera.

Cette grande inclination de ſçavoir les choſes futures a toûjours dominé dans le cœur de l'homme depuis le péché des premiers Peres, & ç'a eſté vne ſource tres feconde en menſonges, en tromperies, & en illuſions; Car quoy qu'elle ſemble

Q

d'abord d'elle mesme fort avantageuse à l'homme,
& qu'elle le fasse prétendre à vne prérogative qui
n'appartient qu'à Dieu seul : neantmoins par vn
renversement estrange, il n'y a rien qui le rabaisse
davantage, & qui efface plus les beaux caracteres
de la Divinité qui sont imprimez dans la substance de son ame, puisque dans la veuë de satisfaire
cette malheureuse curiosité, il se porte à écouter
des bestes qui ne parlent point, & à consulter des
créatures irraisonnables & inanimées, pour leur
adjouster foy comme à des oracles.

Les histoires Grecques & Romaines ne nous disent elles pas qu'on tiroit autrefois des augures &
des prognostiques du vol & du chant des oyseaux,
du marcher & du manger des poulets, des chevaux
& autres animaux ? Les Devins ne se sont-ils pas
servis de bagues, de miroirs, de tamis, & de clefs,
pour faire tourner comme on dit le sas, de chau-
drons, de cribles, & de nombres mesme, & de
lettres, pour décider la bonne ou mauvaise fortune,
la mort ou la vie sur les noms & surnoms de ceux
qui les consultoient ? & nos Astrologues d'aujour-
d'huy, ont ils encore autre chose qu'vn bellier,
vn taureau, vn lion, des poissons, des chiens, des
ours, des chevaux, & d'autres bestes imaginaires
qu'ils consultent comme les causes & les oracles
de leurs prédictions ?

Les premiers qui ont donné cours à l'Astrologie
& aux prédictions des Astres, sont les Chaldéens
qui faisoient d'abord Profession d'Astronomie, c'est
à dire qui s'arrestoient particulierement à consi-

derer & à éxaminer le cours & les mouvemens des
Cieux & des Aftres. Mais cette eftude fublime &
relevée ayant fait negliger à quelquesvns leurs
propres affaires, ils tomberent dans l'indigence, &
dans la neceffité (comme l'experience nous fait
encore voir tous les jours que les Aftrologues qui
difpofent ordinairement de la fortune d'vn chacun
par leurs prédictions, n'en font pas les mieux partagez) Ces Chaldéens fe voyant ainfi trahis par leur
profeffion, ils changerent l'Aftronomie en Aftro-
logie, & ils y introduifirent mille fauffetez, tant
pour abufer le peuple, & fe rendre recommanda-
bles par leurs prognoftiques, que pour en recevoir
du profit, & fe retirer de la pauvreté, en promet-
tant aux vns des profperitez, & menaçant les autres de grandes infortunes, s'ils ne prenoient les
moyens qu'ils leur enfeignoient pour vaincre les
malignes influences de leurs conftellations.

La doctrine des Chaldéens fe répandit par fuc-
ceffion de temps en Egipte, & en Grece, & depuis
par tout le monde, avec d'autant plus de facilité,
qu'elle fuft d'abord approuvée par les Princes &
par les Roys, qui s'en fervirent pour appuyer leur
politique ; par les faux Preftres pour authorifer les
impietez de leurs Religions ; par les pauvres Ma-
thematiciens pour y trouver leur fubfiftance ; par
les Poëtes, & par les Orateurs, pour en faire la
matiere de leurs figures, de leurs fallies, & de leurs
plus belles comparaifons ; & enfin par les Hiftoriens
pour efcrire au gouft, & dans le fentiment du vul-
gaire.

Q ij

Voyla l'origine & le progrez de cette sotte &
superstitieuse Astrologie, dont quelquesvns font
encore presentement tant d'estime, & dont on se
sert si souvent pour amuser les ignorans, pour in-
timider les sots, & pour tromper generalement
tout le monde. Voyons ce qu'il en faut dire en
bonne Philosophie; Cherchons des preuves pour
la combattre, attaquons la par ses principes, & la
sappons par ses fondemens.

Il ne faut que la lumiere naturelle pour prouver
que les Astres n'ont aucune influence particuliere,
qui puisse raisonnablement passer pour la cause
de nos bonnes ou mauvaises inclinations, & encore moins des actions differentes que nous faisons
pendant le cours de nostre vie.

Car, premierement si nous éxaminons bien la
nature de nostre volonté, nous demeurerons d'accord qu'il n'y a point de cause exterieure qui puisse
agir sur elle, si ce n'est celle qui luy a donné l'Estre,
& qui forme en elle les diverses inclinations qui
s'y rencontrent. Car la volonté est vne puissance
libre, qui se détermine elle mesme à agir, & qui
ne se porte à vn objet, que par ce qu'elle le veut,
& le désire; & ainsi il faudroit estre la cause de
cette détermination, & il faudroit produire ces
désirs dans la volonté pour en estre veritablement
le principe & le moteur. C'est pourquoy comme
cette prérogative n'appartient qu'à Dieu seul, il
faut aussi dire qu'il n'y a que luy qui ayt la puissance de la mouvoir, & de la porter interieurement où il luy plaist, comme dit fort bien le Pro-

phete : & par consequent, que c'est sans raison
que quelquesvns prétendent attribuer cette mesme vertu aux Astres & à leurs influences.

En second lieu, les Astres n'estant que des causes toutafait materielles, s'ils ont quelques influences, ils ne peuvent les répendre tout au plus
que sur des sujets qui leur soient proportionnez,
c'est à dire qui soient materiels comme eux. Or la
Volonté & l'Entendement qui sont les principes
des actions humaines, ne sont point au rang des
choses materielles : & par consequent les Astres ne
sont pas capables de les mouvoir, ny d'y produire
aucun changement par leurs influences.

Troisiémement, si les Astres pouvoient répendre quelques influences sur la volonté des hommes, il n'y auroit pas de raison pourquoy l'vn en
seroit plustot mal traitté que l'autre, puis qu'estans
des causes naturelles & generales, elles agiroient
indifferamment sur tous les endroits, où le hazard
les porteroit : & parconsequent il n'y auroit aucun moyen de pouvoir déterminer rien d'assuré,
ny d'appuyer, comme font tous les Astrologues, aucune prédiction sur vn fondement si incertain.

Enfin, pour parler physiquement, nous ne remarquons que deux choses dans les Astres, à sçavoir la lumiere & le mouvement, (je defie les
Astrologues de nous y faire observer autre chose)
Or la lumiere est bien capable à la verité d'éclairer,
& de dissiper les tenebres ; & le mouvement d'vn
corps peut bien causer quelque agitation dans celuy qui est en repos, ou qui se meut plus lente-

ment : Mais il est impossible de prouver par aucune raison naturelle, que cette lumiere, & ce
mouvement soient capables de produire les changemens étranges, & les contrariétez qu'on leur
attribüe; car toutes les Estoiles ont vne lumiere qui
est fort peu differente, & leur mouvement nous
paroist assez égal & vniforme. Ainsi c'est sans fondement que l'on veut faire passer vne constellation pour favorable, & l'autre pour dangereuse;
comme, par exemple, lors qu'on dit que Mercure
fait des Musiciens, & Mars des Guerriers, que
l'Ecrevisse est froide, & le Sagittaire chaud, que
la huictiéme Maison est celle de la Mort, & la
dixiéme celle de la Vie, & quantité de choses semblables, que j'aurois honte de rapporter.

En effet, les Astrologues se voyans dans l'impuissance de répondre à cét argument, & de rien
expliquer par le mouvement & par la lumiere des
Astres; ils nous renvoyent à des influences occultes & à des qualités cachées, c'est à dire en
bon françois qu'ils avoüent eux mesmes qu'ils ne
sçavent pas comment tous ces effets differens
peuvent estre produits par de telles causes, & que
c'est vne chose qui leur est entierement occulte
& cachée.

Mais quoy qu'ils semblent se dispenser par cette
réponce d'en dire davantage, & qu'ils fassent assez
voir par là que toute la beauté & l'évidence de
leurs sublimes connoissances ne dégenerent qu'en
obscuritez & en tenebres, lors qu'on en veut éxaminer les principes, & en rechercher les fondemens:

nous n'en demeurons pourtant pas là, si nous
voulons nous comporter en Philosophes. Et quoy
qu'on n'ayt rien d'ordinaire à demander à vn Autheur sur la production de quelque effet, dont il
recognoist que la cause luy est occulte: nous ne
laisserons pas de pousser plus avant les Astrologues, & de leur demander la raison qu'ils ont
d'attribuer des effets si differens à vne cause qu'ils
ignorent, & pourquoy ils assignent tant de proprietez differentes à vne influence, dont ils a-
voüent que la nature leur est occulte & cachée?

Quand ils se voyent ainsi pressez, & qu'ils ont
a faire à quelque esprit raisonnable qui ne se paye
pas facilement de parolles, mais qui se moque des
mots d'influences occultes, & de qualitez cachées,
ils se jettent aussitost sur les histoires, & sur l'experience; & ils ont, si on les veut croire, vne ample
matiere pour s'estendre, lors qu'ils entreprennent
de parcourir toutes les choses qui sont arrivées
conformément à leurs prédictions. Et parceque
c'est icy leur dernier retranchement, il faut les y
attaquer, & faire voir encore le peu de solidité
qui s'y rencontre.

L'experience, où les Astrologues ont recours, ne
leur est pas si avátageuse, que quelquesvns se le persuadent. Et l'on peut dire au contraire que quand
nous n'aurions pas d'autres armes pour les combattre, nous en aurions encore assez pour les accabler
dans leurs propres ruines. En effet, si l'on vouloit
s'en raporter à la seule experience, si l'on se donnoit
la peine de feüilleter les histoires qui sont arrivées,

& si l'on consideroit principalement celles qui arrivent tous les jours, & dont nous sommes les témoins
oculaires : il ne faudroit point d'autres preuves
pour desabuser entierement ceux qui sont trop
crédules , & pour leur faire toucher au doigt le
peu d'assurance qu'on doit avoir sur les prédictions,
& sur les horoscopes des Astrologues.

Car, comme raisonne admirablement S. Augustin, quel fondement ont les Astrologues de soûtenir que ceux qui sont nez & conçeus sous vne
mesme constellation , seront sujets aux mesmes
accidens & à la mesme fortune , & que ceux qui
auront pris naissance sous des constellations differentes, menneront aussi vne vie toute dissemblable?
puisque l'experience nous fait voir au contraire,
que quantité de personnes qui sont nées sous vne
mesme constellation , & dans vn mesme instant,
ne laissent pas d'avoir des évenemens & des succez fort contraires pendant toute leur vie : & que
bien souvent ceux qui sont nez sous de differentes constellations , sont enveloppez dans vne mesme disgrace , & ont vne mesme fin.

*Ces deux gemeaux Iacob & Esau, (dit ce Pere)
n'estoient-ils pas néz & conçeus sous vne mesme constellation , puisque suivant le témoignage de l'Escriture , ils
vinrent en mesme temps au monde , & que l'vn d'eux
en naissant tenoit le pied de son frere? Et cependant leurs
vies furent si dissemblables , leurs humeurs si opposées ,
leurs actions & leurs fins si differentes , que cette grande
diversité qu'ils avoient generalement en toutes choses , leur
faisoit mesme concevoir de l'aversion l'vn pour l'auere.*

Apres

Aprés vn exemple si fameux, devons nous adjoûter quelque foy aux Horoscopes qui se prennent de l'heure de la naissance; & y at il de l'apparence de s'attendre aux promesses que les Astrologues donnent par des prédictions qui ne sont appuyées que sur ce fondement?

Mais poussons vn peu davantage ce raisonnement, & aprés l'avoir appuyé d'vn éxemple rapporté par vn Pere de l'Eglise, confirmons le par quelques autres qui se trouvent dans vn Payen de l'antiquité. *Si nous remarquons par experience (dit Ciceron) que ceux qui sont nez dans vn mesme instant, vivent neantmoins diversement, ont des inclinations fort differentes, & périssent par des accidens bien contraires; N'est-ce pas vn Argument assez fort pour convaincre que l'heure de la naissance n'a aucun rapport avec le reste de la vie? & si la pensée des Horoscopistes avoit quelque lieu* (poursuit cét Orateur Philosophe) *ne faudroit-il pas dire que personne n'auroit esté né ou conçeu par tout le monde dans le méme temps que Scipion l'Affricain, parce que sa vie & sa fortune ne trouvérent point de semblables? Ne faudroit-il pas dire aussi que tous ceux qui meurent par vne contagion vniverselle, ou qui sont ensevelis dans vn mesme naufrage, ou qui périssent dans vne méme bataille (comme ces milliers de Romains qui furent massacrez en celle de Cannes) avoient tous esté nez & conçeus dans vn méme instant, & sous vne méme constellation?* Ce qui est moralement impossible, & ce qui ne pourroit s'avançer sans vne contradiction manifeste.

Mais si l'Astrologie judiciaire est contraire à la

R

Quid quod vno eodemque temporis puncto nati, dissimiles & naturas, & vitas, & casus habent, parumne declarat nihil ad agendam vitam nascendi tempus pertinere? Nisi forte putamus neminē eodem ipso tempore & conceptum & natum, quo Scipionem Affricanum; nunquid igitur talis fuit? Ego etiam hoc requiro, omnesne qui Cannensi pugnâ ceciderunt, vno Astro nati fuerunt? Exitus quidem omnium vnus atque idem fuit. *Cicero lib. 2. de Divinat.*

raiſon & à l'experience, elle ne l'eſt pas moins à la pieté & à la religion; & ſi comme Philoſophes, nous venons de chercher des armes dans la raiſon naturelle pour la combattre, nous pourrions comme Chreſtiens en chercher dans l'Ecriture & dans les Peres, pour faire voir que c'eſt vne doctrine tres dangereuſe dans la foy.

En effet, tous les Peres qui en ont parlé, ſe ſont propoſez particulierement d'inſpirer aux Princes Chreſtiens le zele de s'appliquer comme d'autres Theodoſes à bannir de leurs Eſtats ces miſérables impoſteurs, qui par vne vanité baſſe & mal fondée, ne ſervent qu'à jetter l'épouvante dans les eſprits foibles, à troubler le repos public, & à amuſer les peuples par des attentes vaines & ſuperſtitieuſes.

Saint Auguſtin avoüe ingenuement dans ſes confeſſions qu'il prenoit plaiſir avant ſa converſion, c'eſt à dire lors qu'il eſtoit encore dans l'hereſie des Manichéens, à conſulter ces Aſtrologues, & à ſe faire dire ſa bonne aventure; mais il adjouſte qu'il commença de déteſter cét art & cette profeſſion dés auſſitoſt qu'il ſe fit Chreſtien, & qu'il abjura l'hereſie; par ce que la véritable religion & la pieté Chreſtienne y ſont toutafait oppoſées, & qu'elles deffendent avec juſte raiſon de s'y appliquer. Toutes ſes œuvres ſont remplies de ſemblables expreſſions.

Nous pourrions rapporter icy pluſieurs déciſions de l'Egliſe, & pluſieurs Canons de Conciles, qui condamnent formellement cét art : mais quelques paſſages de l'Ecriture ſeront ſans doute mieux re-

Epiphanius diſputans adverſus Phariſaos, & Manichæos.

Chryſoſtomus in geneſim, hom. 5. & 6. & in Math. hom. 6.

Bazilius Hexameri hom. 1. & 6.

Damaſcenus l. 2. Ortodox. fidei c. 7.

Illos planetarios conſulere nõ deſiſtebam ante meam converſionem.

Quod Chriſtiana, & vera pietas repellit, & damnat. S. Aug. l. 4. confeſſ. c. 3.

Et Confeſſ. l. 5. c. 3. & 7. & l. 7. c. 6. De doctr. Chriſt. l. 2. à c. 21. ad 24. De Civit. Dei à lib. 5. ad 8. & l. 1. contra Academ. c. 1.

Concil. Tolet. primum Barracenſe Et Tridentinum.

çeus, & ils l'emporteront facilement sur toutes les autres authoritez, puisque c'est à des Chrestiens que nous addressons ce discours.

L'endroit où je renverrois volontiers tous les Astrologues & ceux qui les consultent, est le chapitre 44. du Prophete Esaie, où Dieu parle luy mesme, & où il se fait paroistre avec vn visage fort sévere contre la malheureuse Babylone, qui avoit coustume de consulter les Devins & les Astrologues dans toutes ses entreprises, au lieu d'implorer le secours & l'assistance de Dieu, *C'est moy*, dit le Seigneur tout en cholere, *qu'il faut consulter; C'est moy seul qui ay tiré du neant le Ciel & la Terre; C'est moy seul, & je n'ay point d'associé pour gouverner toutes les créatures; C'est moy qui rends vains & inutils tous ces signes prodigieux, sur lesquels les Devins & les Astrologues fondent leurs prédictions; C'est moy qui renverse ces sçavans présomptueux, & qui fais que toute leur sagesse n'est qu'vne pure folie.* Et par ce que cette Babylone fust bientost renversée, & que sa fin fut fort étrange & assez proportionnée à son idolatrie, & à sa superstition; Dieu la raille admirablement dans son malheur au chapitre 47. du mesme Prophete.

Quis similis mei vocet & annuntiet? Ego sũ Dominus faciens omnia, extendens cœlos solus, stabiliens terram, & nullus mecum, irrita faciens signa divinorum, & ariolos in furorem vertens, convertens sapientes retrorsum: & scientiam eorum stultam faciens. *Isaia c. 44.*

Hé quoy, dit-il, *pauvre Babylone, te voila perduë & renversée de fond en comble, nonobstant cette grande quantité de Sages que tu avois coustume de consulter dans tes besoins & dans tes nécessitez. Ah maintenant que tu es abbatuë, invoque, invoque ces augures, & ces Astrologues pour te relever; implore le secours de ces sçavans qui contemploient les Astres, qui supputoient les*

Defecisti in multitudine consiliorum tuorũ, stent & salvent te augures cœli, qui contemplabantur sydera, & supputabant menses, vt ex eis annuntiarent ventura tibi. Ecce facti sunt quasi stipula, ignis

années, les mois, & les jours pour prévoir ce qui te dé-voit arriver. Mais helas, poursuit-il, *je ne vois pas qu'ils puissent te prester secours dans ton malheur; car ma che-lere les ayant précipités dans vn feu éternel, ils sont main-tenant comme vn peu de paille bruslée, ils ne s'en pourront jamais retirer. Et ainsi pour avoir mis ton appuy ailleurs que sur ton Créateur, il ne faut plus que tu attende au-cun secours favorable qui te puisse délivrer.*

Il semble qu'aprés vn éxemple si funeste, & aprés vne telle déclaration faite par la bouche de Dieu mesme, il faudroit estre bien aveuglé dans son propre malheur, pour vouloir faire profession d'A-strologie judiciaire; & il faudroit estre bien dépour-veu de sens commun, pour s'arrester aux prédictions & aux horoscopes des Astrologues. Neanmoins il se trouve tousiours assez d'esprits préoccupez, qui ont de la peine à revenir de leurs premiers senti-mens; & quoy qu'il leur soit impossible de répon-dre aux argumens & aux authoritez dont nous nous sommes servis pour prouver que l'Astrologie estoit contraire à la raison, à l'experience & à la religion; ils ne laisseront pas de la deffendre, & de faire quelques objections qui seroient capables d'embroüiller des esprits foibles, si nous ne les réfutions toutes par de bonnes & par de fortes ré-ponces, comme nous esperons faire dans la suitte de ce Chapitre.

La premiere objection que l'on peut proposer en faveur des Astrologues, est fondée sur des prin-cipes qui se trouvent dans quelques Philosophes & dans quelques Médecins. Il y a des Philosophes

qui enseignent que les Estoilles & les Planétes ont
la force de former ou d'alterer nostre temperament,
en donnant aux vns vne humeur bilieuse, & aux
autres vne humeur mélancholique, en faisant a-
bonder le sang dans les vns, & la pituite dans les
autres. Or ces humeurs estans differentes dans les
hommes, elles y produisent des passions fort differentes. Par exemple, la Bile produit l'amour,
l'esperance, & la hardiesse; la Mélancholie produit la tristesse, le desespoir, & la crainte; le Sang
produit la joye, le plaisir, & la cholere, &c.
Ces passions s'élevans dans la partie inferieure,
elles emportent souvent la superieure, & sont les
principes ordinaires des actions humaines. Et par
consequent, disent les Astrologues, en considé-
rant les conjonctions & les oppositions des Astres,
on peut fort bien prévoir les divers temperamens
des hommes, & juger par leurs temperamens de
la diversité de leurs passions, & par la diversité
de leurs passions, de la conduite de toute leur vie.
Il se trouve aussi des Médecins qui semblent appuyer cette objection par la méthode qu'ils ont
de pratiquer tousjours la Médecine par rapport à
l'Astrologie, & de choisir certains quadrats de
Lune plustost que d'autres pour purger & saigner
leurs malades, s'imaginans que le succez des maladies dépend entierement de la diverse situation
des Planétes, & que comme il y a de certaines
constellations qui passent pour estre toutafait contraires aux remedes, comme par exemple *La Canicule*, il y en a aussi d'autres qui leur sont beaucoup
plus savorables.   R iij

Mais éxaminons vn peu ces raisonnemens, & faisons y quelques réflexions.

Premierement, quand la Philosophie nous enseigneroit tout ce que supposent les Astrologues, pourroit-on en conclure quelque chose à l'avantage de leur opinion; & leurs prédictions seroient-elles plus asseurées, quand nostre temperament dépendroit en quelque maniere de l'influence des Astres? l'homme n'est-il pas tousiours libre, & sa liberté ne le fait-elle pas agir tantost suivant son temperament, & tantost contre, quelquefois en s'abandonnant à ses passions, & quelquefois aussi en leur resistant? comme on le pourroit prouver par vne infinité d'exemples, & entr'autres, par celuy du celebre Socrate, qui se sentant de son naturel fort porté aux plaisirs & aux voluptez, s'estudia tellement à vaincre son temperament, & à surmonter ses inclinations, qu'il est assez difficile de trouver parmy les Payens vn homme qui ayt menné vne vie plus réglée que la sienne, & qui ayt plus fait éclater que luy la vertu de temperance dans toutes ses actions. Mais il n'est pas besoin de chercher des preuves dans vne rencontre, où ceux mesme à qui nous avons à faire semblent donner facilement les mains; car ils avoüent ingenûment qu'vn esprit sage se met au dessus de la fatalité des Astres, en le rendant maistre de ses passions; puis qu'ils finissent tous leurs prédictions par ces parolles, *le Sage domine les Astres.*

Secondement, c'est bien à tort que les Astrologues se vantent d'emprunter ce raisonnement de la Philosophie; car les véritables Philosophes n'en demeureront jamais d'accord , & ils regarderont tousjours l'argument qui est renfermé dans l'objection, comme vne production ridicule de quelques faux Philosophes , qui ne connoissans que certains termes generaux de la Philosophie, se font pourtant forts de rendre raison indifferament de toutes choses qu'on leur propose, sans se mettre en peine d'éxaminer auparavant si elles sont fausses, ou veritables. Par exemple, Pline enseigne que le Diamant luit de soy mesme, & qu'il éclaire dans vn lieu obscur; Ces Philosophes font de grands efforts sur leurs esprits , & ils se donnent la gesne pour en rendre vne raison naturelle : Mais s'ils avoient bien éxaminé auparavant le fait, & s'ils avoient porté des Diamans dans vn lieu, où il n'y eust aucune lumiere , ils auroient trouvé que c'est vne fausseté attestée par vn grand Autheur; & ainsi ils se seroient éxemptez de la peine d'en chercher la raison. Quelques Autheurs, comme Héron , enseignent que tirant le piston d'vne seringue, l'eau y monteroit tousiours, quelque longueur qu'eust cette seringue; & que par le moyen d'vn siphon on pourroit transporter l'eau si haut que l'on voudroit. Nous avons encore des Philosophes qui le supposent comme véritable, & qui taschent tous les jours d'en inventer de nouvelles raisons; & je vous laisse à penser quelle solidité auront les chimeres qu'ils formeront sur ce sujet, puisqu'ils recherchent la cause d'vn effet qui n'arrive point , & qui doit maintenant passer pour

vne fauſſe ſuppoſition, aprés les belles experien-
ces qui en ont eſté faites.

Tout de meſme (pour revenir à noſtre ſujet)
les anciens Aſtrologues ont enſeigné que les Aſtres
avoient des influences particulieres ſur les hommes, que la diverſe poſition des Eſtoiles & des
Planétes à l'heure de la naiſſance d'vn enfant
eſtoit le principe d'où dépendoit toute la diverſité
de ſa vie; & ainſi qu'en connoiſſant bien toutes
les conſtellations, on pouvoit facilement prévoir
tous les accidens de la vie humaine. La pluſpart
des perſonnes qui ne connoiſſoient point d'autres
vſages des Planétes & des Eſtoiles, ont ſouſcrit à
cette opinion, & ſe ſont imaginées qu'elle ne contenoit rien que de véritable & de certain. Enſuitte on s'eſt tourné du coſté des Philoſophes, &
on leur a demandé la connéxion qu'il y avoit entre la cauſe & les effets, & on les a preſſez de rendre raiſon pourquoy les Aſtres qui ſont matériels
avoient tant de pouvoir ſur la volonté de l'homme qui eſt ſpirituelle. Ces Philoſophes ſuppoſans
que la choſe eſtoit ainſi, & n'oſans pas la révoquer
en doute, ils ſe ſont étudiez à forger quelques rai-
ſonnemens pour expliquer ce qui n'eſtoit pas, &
ainſi craignans de demeurer courts, & voulans
éviter l'affront de paſſer pour des ignorans, ils ſe
ſont rendus ridicules en faiſant le raiſonnement
ſur lequel les Aſtologues s'appuyent encore aujourd'huy: Au lieu que s'ils euſſent éxaminé le fait
comme nous le faiſons préſentement, ils en auroient découvert la fauſſeté, & ils n'auroient pas
authoriſé

authorifé vne doctrine fi préjudiciable à la conduite de la vie.

Car en effet, fi l'on éxamine la chofe vn peu férieufement, & fi l'on veut juger par le bon fens des influences que peuvent avoir les Eftoiles fur le tempérament d'vn enfant qui vient au monde, & fi l'on ne veut rien admettre que l'on ne connoiffe clairement: on avoüera fans doute, comme a fort bien remarqué vn Autheur de ce temps, qu'vn flambeau allumé dans la chambre d'vne femme qui acouche, doit avoir plus d'effet fur le corps de fon enfant, que la Planéte de Saturne, en quelque afpect qu'elle le regarde, & avec quelqu'autre Planéte qu'elle foit jointe, parceque ce flambeau y produit en effet bien plus de lumiere.

Il ne faut donc pas aller iufqu'aux Cieux, pour y rechercher la caufe de la diverfité de nos tempéramens, & des paffions qui nous tyrannifent continuellement. Et pour ne rien dire du péché Originel, qui eft la fource & le premier principe de tous les défordres, il faut bien pluftoft penfer que le tempérament d'vn enfant dépend de la compléxion du pere & de la mere qui le produifent de leur propre fubftance; que la nature du laict de la nourrice & des alimens qu'on luy fait prendre y contribuë beaucoup; que la conftitution du pays natal y a tres grande part; & qu'enfin l'éducation mefme, & la compagnie de ceux avec lefquels il converfe ordinairement peuvent y apporter de tres grands changemens. Ce font là les caufes Phyfiques, où vn Philofophe pourroit facilement trou-

S

ver son compte pour expliquer la diversité des
tempéramens, & non pas dans les influences cé-
lestes, qui n'y contribüent en aucune maniere.

Pour ce qui est des Médecins qui pratiquent la
la Médecine par rapport à l'Astrologie; Je ne crois
pas que leur authorité doive prévalloir au bon
sens dans cette occasion ; & je suis persuadé que
pour peu d'application qu'on y vueille faire, on
reconnoistra facilement, que d'avoir toutes ces
considérations pour ordonner vne saignée ou vne
médecine, c'est s'imposer des servitudes impor-
tunes, qui n'ont point d'autre fondement que des
suppositions, dont personne n'a jamais esprouvé
sérieusement la vérité. Il faut bien plustost croire
que le succez des remedes dépend de la prudence
du Médecin, qui les sçait accommoder au tempérament & à l'estat de son malade; & qu'il est plus
à propos d'avoir égard aux mauvaises humeurs qui
causent les maladies, qu'aux divers quadrats de
Lune, & aux situations des Planétes qui n'y ont aucune part.

Et quant aux Constellations malignes ou favora-
bles, comme la *Canicule*, qu'ils disent estre la cause de la chaleur extraordinaire que l'on sent durant
les jours qu'on appelle *Caniculaires*, & qu'ils con-
siderent comme toutafait contraire aux remedes:
Il n'y a rien de moins vray semblable que cette
imagination; car cette Estoile estant au delà de
l'Equateur, ses effets devroient estre plus forts sur
les lieux où elle est plus perpendiculaire; & néanmoins les jours que nous appellons icy *Canicu-*

laires, sont le temps de l'hyver de ce costé là; de sorte qu'ils ont bien plus de sujet de croire en ce Pays là que la Canicule leur apporte le froid, que nous n'en avons icy de croire qu'elle nous cause le chaud. Disons donc avec plus de fondement que la Canicule n'apporte en effet ny froid ny chaud: mais que se levant à l'extremité de nostre Horison depuis le 24. Iuillet iusqu'au 22. Aoust, qui est d'ordinaire icy le temps le plus chaud de l'année, les pores de la chair sont pour lors plus ouverts, il se fait plus grande dissipation d'esprits, & le sang se dessèche & s'eschauffe extrémement. C'est pourquoy il y auroit quelque danger d'aller encore exciter vne nouvelle chaleur par les remedes, & d'émouvoir les humeurs dans vn temps où le repos semble leur estre plus favorable. Ce n'est pas qu'il n'y ayt des années, où les jours Caniculaires estans assez temperez, il vaut beaucoup mieux se purger durant ce temps là que dévant ou aprés. Et dans la vérité, il ne faut avoir égard qu'à la chaleur de la saison, & nullement aux Constellations qui sont aux Cieux.

La seconde objection, que nous proposent les Astrologues, est tirée des differens noms qui ont esté attribuez aux Constellations & aux Planétes, comme de Lyon, de Bellier, de Taureau, &c. Car est-il vray-semblable, disent-ils, que les Anciens qui estoient fort sages, ayent donné des noms d'animaux, & de choses inanimées à des Estoiles, s'ils n'en avoient connu la nature, & s'ils n'avoient veu quelque rapport entre leurs proprietez &

celles des choses terrestres dont ils empruntoient les noms ? Et ainsi il faut conclure que tous ces noms sont mystérieux, & qu'ils nous avertissent des effets que nous devons attendre de certaines Estoiles plustost que d'autres.

Mais parceque cette objection est spécieuse, & que la pluspart du monde s'y laisse aller facilement par vn faux préjugé que l'on a succé avec le laict, que les Anciens n'estoient pas des hommes faits comme nous, & que l'antiquité de leurs opinions ne permet pas de les révoquer en doute: Je crois estre obligé de reprendre la chose vn peu plus haut, & de remonter iusqu'à la source, pour en découvrir tout le mystére.

Pour cela, il faut remarquer que les Chaldéens, qui sont les premiers observateurs des Astres, s'estant proposez de bien connoistre le Ciel, & de marquer éxactament le chemin, & tous les lieux différens par où passoient le Soleil, la Lune, & les autres Planétes pendant leurs cours ordinaires, ils s'avisérent de l'éxecuter par rapport aux Estoiles fixes qui sont au dessus des Planétes, & qui sont appellées fixes, parce qu'elles paroissent estre immobiles entr'elles, & garder tousjours vne mesme distance : de mesme que toutes les allées & venuës d'vne araignée qui se promenne d'vn bout à l'autre de quelque salle, se pourroient facilement décrire & démonstrer par rapport aux solives qui en composent le plancher, en tirant avec proportion autant de lignes sur le papier, qu'il y a de solives auxquelles cette arraignée correspond

successivement. Ainsi les Chaldéens figurérent
ces Estoiles fixes sur des chartes dans la mesme proportion & dans le mesme éloignement, qu'ils les
remarquoient dans le Ciel : mais parcequ'ils en
avoient découvert plus de mille (quoy qu'ils
n'en eussent découvert qu'vne partie) ils creurent
qu'ils seroient trop long temps à leur donner des
noms particuliers qui fussent tous differens, &
que cela chargeroit par trop la mémoire ; C'estpourquoy ils se résolurent de les diviser en plusieurs bandes ou escadres, & ils en firent iusqu'au
nombre de quarante huiĉt, qu'ils appellérent
Constellations, c'est à dire, *plusieurs Estoiles ensem-*
ble, & à chaque Constellation ils donnérent vn
nom suivant la figure qu'ils s'imaginoient qu'elle
representoit ; & ensuite ils remarquérent que le
Soleil, la Lune, & les autres Planétes ne passoient
jamais que par dessous douze de ces Constellations,
qu'ils avoient nommées par hazard le Belier, le Taureau, les Gemeaux, &c. C'est pourquoy il les appellérent depuis les douze Signes du Zodiaque.
Jusques là je ne trouve rien à redire.

Mais soit que ces Mathématiciens voulussent
par vanité satisfaire à la curiosité de ceux qui leur
demandoient à quoy servoient toutes ces choses
qui faisoient leur occupation principale, soit qu'ils
voulussent rendre leur science pratique pour en
tirer leur subsistance ; ils changérent, comme nous
avons desja remarqué, la qualité d'Astronomes en
celle d'Astrologues, & ils dirent que tout ce qui
arrivoit icy bas ne se faisoit que par dépendance

des Aſtres ; d'où vint d'abord l'adoration & l'idolatrie, qui leur fit reconnoiſtre le Soleil comme vn
Dieu , & luy donner ce beau nom ELIOS , ou EL ,
que les Grecs luy donnent encore , qui eſt vn nom
ſacré , qui ſignifie DIEV. C'eſtpourquoy ils con-
ſacrérent les ſept jours de la ſepmaine aux ſept Planétes , Lundy à la Lune , Mardy à Mars , Mercre-
dy à Mercure , Jeudy à Jupiter , Vendredy à Vénus , Samedy à Saturne , & Dimanche au Soleil.
Enſuitte ils obſervérent éxactement toutes les
guerres , les peſtes , les famines , & les autres accidens qui arrivoient : & aprés avoir remarqué les
Conſtellations où le Soleil & les Planétes ſe ren-
controient pour lors , ils firent des régles générales , que toutes les fois que ces Planétes revien-
droient dans les meſmes Conſtellations , les meſmes accidens arriveroient derechef. Et ainſi voyla
d'ou nous ſont venus ces beaux axiomes , & ces
maximes géncrales , ſur leſquelles les Aſtrologues
ſe fondent encore aujourd'huy , & qu'ils n'ont
point de honte de nous débiter comme des véritez inconteſtables , quoy qu'on les ayt ſouvent
convaincües de fauſſeté manifeſte.

Cela poſé , neſt-il pas vray premierement , qu'il
faut eſtre bien ridicule pour prétendre qu'vn nom
imaginaire & donné par fantaiſie à des Eſtoiles ,
ſoit myſtérieux , & ayt du rapport à ce qui doit
arriver dans la vie humaine ? Ne voit-on pas que
ces Conſtellations qui reçeurent vn certain nom ,
en pouvoient reçevoir vn autre ; Par exemple , les
Eſtoilles qu'on appella d'vn ſeul nom , le Taureau ,

ne pouvoient-elles pas estre appellées, le cheval,
le lion, ou le mulet ? Et celles que l'on appella
le lion, ne pouvoient-elles pas estre appellées le
taureau ? Les jours que l'on consacra au Soleil,
à la Lune, & à Mars, & que l'on appella pour ce
sujet Lundy, Mardy, &c. ne pouvoient-ils pas
estre consacrez à Dieu & à ses Saints, & ainsi reçevoir d'autres noms ? Et en effet, nous avons vn
Autheur nommé *Schiler* qui a changé le nom & la
figure de toutes les Constellations; & qui a mis,
par exemple, dans le Globe qu'il en a composé, vn
Saint Pierre au lieu du Bellier, vn Saint Paul au
lieu de Persée, vn Saint Michel au lieu de la grande Ourse, & ainsi du reste. Et ne seroit-il pas encore permis à chaque particulier d'en mettre d'autres à sa fantaisie avec autant de fondement qu'en
ont eu les premiers Astronomes ? Ce n'est pas
qu'il fust à propos de changer légerement tous
ces anciens noms, parceque comme ils n'ont esté
imposez que pour la distinction des Estoilles, il
vaut mieux qu'on se serve tousjours des mesmes
qui sont en vsage par toute la terre, & dont tous
les Autheurs se sont servis iusqu'à present dans
leurs Ouvrages, que d'en aller introduire de nouveaux qui ne serviroient qu'à nous apporter de la
confusion. Mais de quelques mots que l'on se
serve, il y a tousjours de l'absurdité de faire des
pronostiques & des prédictions, qui n'ayent point
d'autre fondement que ces noms imaginaires.

Quand donc des Astrologues viendront dores-
navant nous dire, que ceux qui naissent le Vendre-

dy seront voluptueux, parceque ce jour porte le
nom de Vénus, & luy a esté consacré; que ceux
qui naissent le Lundy seront légers & changeans,
parceque ce jour porte le nom de la Lune, qui
change tous les jours de face; & ainsi des autres
jours. Quand ils nous diront qu'il y a vne Constellation dans le Ciel, qu'il a plû à quelques personnes de nommer la Balance, quoy qu'elle ne ressem-
ble pas plus â vne balance, qu'a vn moulin â vent;
& que la balance estant le Symbole de la Iustice,
ceux qui naistront sous cette Constellation seront
justes & équitables. Qu'il y a trois autres Signes
ou Constellations dans le Zodiaque, qu'on nomme
l'vn le Belier, l'autre le Taureau, & l'autre le Capricorne (& qu'on eust pû aussi bien appeller cheval,
lion, où éléphant) & que le Belier, le Taureau,
& le Capricorne estans des animaux qui ruminent,
ceux qui prendront médecine lorsque la Lune est
sous ces Constellations, seront en danger de la
revomir. Enfin lors qu'ils diront que ceux qui
naistront sous le Signe du Lion seront courageux;
que ceux qui naistront sous le Signe de l'Ecrevisse
ne feront jamais fortune, par ce que cét animal
ne va qu'en reculant, & mille choses semblables.
Il faut traiter tous ces raisonnemens d'extravagans
& de ridicules, & il faut accuser de foiblesse ceux
qui prennent plaisir à les entendre, & qui s'en
laissent persuader.

En second lieu, ne voit-on pas que le fondement des premiers Astrologues estoit bien sophi-
stique, & indigne de véritables Philosophes? Car
s'ensuit-il,

s'enfuit-il par exemple, que Mercure s'estant rencontré dans le Capricorne, & quelques enfans estans venus pour lors au monde, qui se sont faits par aprés de robe, s'enfuit-il, dis-je, que Mercure estant dans la neuviéme Maison, il y fait des Avocats & des Gens de robe, comme ils nous enseignent ? S'enfuit-il que parcequ'vne guerre s'est allumée lorsque Mars estoit dans le Signe du Lion, il s'en allumera de semblables, toutes les fois qu'il s'y rencontrera, N'est-ce pas faire vn sophisme, que l'on appelle dans l'Echole, *à non causa tanquam à causa*, c'est à dire, *apporter pour la cause d'vn effet ce qui n'y contribüe aucunement*? Et tous ces raisonnemens ne sont-ils pas semblables à celuy que feroit vn homme, qui raisonnant sur la mort des Roys, diroit: Henry IV. en passant à Paris par la rüe de la Féronerie, lorsque l'aiguille de l'Horloge de Saint Innocent estoit sur les quatre heures, fut tué malheureusement: donc toutes les fois que des Roys passeront par la mesme rüe, & que l'aiguille de l'Horloge sera au mesme endroit, ils seront aussi massacrez. S'il n'y a personne qui ne traitast ce raisonnement de ridicule; Il ne faut pas trouver estrange si nous nous raillons aussi, & si nous nous mocquons de celuy que font tous les Astrologues.

Enfin nous pouvons adjouster, que quand mesme ces maximes & ces remarques des Anciens Astrologues auroient esté pour lors véritables, & bien fondées: elles ne seroient plus néanmoins d'vsage, & on ne pourroit plus s'en servir présen-

T

tement , parceque tous les Signes ou Constellations ont bien changé de place depuis ce temps
là , par le mouvement particulier qu'ils ont d'Oc-
cident en Orient ; Car par éxemple , le premier
degré du Bellier , qui estoit pour lors dans l'Equi-
noxe , en est maintenant éloigné prés de trente
degrez , & ainsi le Soleil est dans le Signe des Poissons lorsqu'on dit qu'il est dans le Bellier , & dans
le Bellier lors qu'on dit qu'il est dans le Taureau,
& ainsi des autres : & parconsequent les axiômes
des anciens Astrologues ne seroient plus véritables,
quand mesme ils l'auroient esté autrefois.

Les Astrologues se voyans ainsi poussez à bout
sur les Constellations ordinaires , & sur les conjonctions régulieres qu'vn chacun peut connoistre
facilement , ils se jettent sur les Phénomenes extraordinaires , ils attestent les Cométes , ils ont
recours aux Eclipses , & ainsi ils s'esforçent de se
mettre à couvert sous le voile de l'ignorance de
la pluspart des hommes. Hé quoy , disent-ils, ce
Soleil obscurcy , ce flambeau esteint en plein jour,
n'est-ce pas vn prodige & vn signe de plusieurs
malheurs ? Ces Cométes & ces feux allumez dans
le Ciel ne traisnent-ils pas d'ordinaire plusieurs
guerres , pestes, famines & massacres aprés leurs
queües ? Or tous ces effets là si funestes n'arrivent
que parceque ces Eclipses & ces Cométes s'allu-
ment dans vne Constellation plustost que dans
vne autre : & par consequent c'est contredire à
l'évidence mesme , que de soustenir que les influences des Astres n'ont pas vn domaine absolu sur

la vie des hommes, & ne sont pas la cause des divers accidens qui leur arrivent. C'est ainsi que ces Messieurs amusent le vulguaire, & qu'ils attirent quantité de personnes qui courent en foule pour les consulter desaussitost que le Ciel nous fait paroistre quelque chose d'extraordinaire. Mais faisons voir que ces Cométes ne sont funestes que pour eux mesmes, & que les Eclipses ne peuvent servir qu'à obscurcir encore davantage leur doctrine.

Ie voudrois bien avant toutes choses leur demander, s'ils ont quelque raison, & quelque fondement, pour avancer qu'vne Eclipse ou vne Cométe arrivée, par éxemple, dans le Bellier signifie la mort des Papes & des Empereurs; dans le Taureau, la prison & la mort des Partisans; dans les Gémeaux des malheurs aux Cabaretiers & Epiciers, &c. Car c'est ainsi qu'en parle vn certain * Astrologue dans le livre qu'il fit imprimer en 1665. à l'occasion de la Cométe qui paroissoit pour lors. Cét Autheur en parlant des Pronostiques de ces Phénomenes, marque précisement tous les malheurs qui les doivent suivre; & dans ce dénombrement, il n'y a point d'estats ny de conditions qu'il oublie, il descend iusques aux Charbonniers, Couteliers, Serruriers, Sergens, & au Boureau mesme. Toutes ces pensées ne sont-elles pas extravagantes, & ne devons nous pas les considérer comme des chimeres qui se disent en l'air, & qu'il suffit d'exposer aux yeux des personnes raisonnables, pour en faire voir l'absurdité, & pour les réfuter entiérement?

T ij

* Henry Leichener Allemand

Le vulguaire ne laiſſe pas pourtant d'écouter les Aſtrologues dans ces ſortes d'occaſions, qui ne ſe préſentent que rarement, parceque c'eſt la couſtume des ignorans de ne s'arreſter qu'aux choſes qui leur paroiſſent extraordinaires, ſans ſe mettre jamais en peine d'vne infinité d'autres beaucoup plus admirables qui arrivent tous les jours. Par éxemple, l'on ne voit point que perſonne s'effraye lorſque le Soleil ſe couche tous les jours, & qu'il laiſſe noſtre Hemiſphére pendant huit ou dix heures couvert d'épaiſſes ténebres : & neanmoins s'il arrive quelquefois que la Lune ſe trouvant au deſſous de luy, l'éclipſe pour vn moment, & nous empeſche de reçevoir ſa lumiere, le peuple eſt dans l'admiration & dans l'épouvante ; on dit que le Soleil ſouffre, qu'il ſe bat avec la Lune, & qu'enfin aprés tant de combats il demeure victorieux ; & tout cela ſans autre raiſon, qne parceque c'eſt vne choſe extraordinaire ; car il eſt auſſi naturel que le Soleil nous ſoit quelquefois caché par l'interpoſitió de la Lune, comme il eſt néceſſaire qu'il le ſoit toutes les nuits par l'interpoſition de la terre. Pour ce qui eſt des Cométes, M. Deſcartes, & pluſieurs autres ont aſſez bien démonſtré qu'il eſtoit auſſi naturel que les Cométes paruſſent avec vne queüe, tantoſt d'vne façon & tantoſt d'vne autre, comme il eſt néceſſaire que la Lune paroiſſe pleine ou en croiſſant, & ſes cornes, tantoſt d'vn coſté & tantoſt de l'autre. Il n'eſt pas beſoin de rechercher icy la nature des Cométes. Tout ce qu'il y a d'habiles Mathématiciens conviennent aſſez mainte-

nant entr'eux contre Aristote, qu'elles s'engen-
drent toutes au deſſus de la Lune & du Soleil meſme; & ainſi que leurs effets ne ſont aucunement
à craindre pour les choſes ſublunaires. Et de fait
ſi l'on vouloit emprunter icy quelque choſe de
l'Hiſtoire, il eſt conſtant que l'on trouveroit autant d'Eclipſes & de Coméres qui ont eſté ſuivies
de bonheurs & d'avantages conſidérables, comme
on en pourroit trouver qui ont eſté ſuivies d'accidens faſcheux & de rencontres malheureuſes: &
parconſequent concluons contre les Aſtrologues,
que quand il arrive des Eclipſes ou des Coméres,
il y a autant de raiſon d'en prédire du bonheur,
que du malheur, ou pluſtoſt qu'il n'en faut inférer ny l'vn ny l'autre.

Mais quoy (dira encore quelqu'vn en faveur
de l'Aſtrologie & des Horoſcopes) puiſque vous
ne voulez rien donner abſolument aux Conſtellations & à l'heure de la naiſſance, pourriez vous
donc nous expliquer comment il ſe peut faire que
tant d'Almanachs diſent la vérité; que des Ho-
roſcopiſtes réüſſiſſent ſi ſouvent, & qu'ils prédiſent des choſes qui arrivent en effet, & dont ils
marquent des circonſtanes ſi particulieres, qu'il
ſemble du tout impoſſible de les pouvoir attribüer
à vn pur hazard.

Ouy certes, c'eſt vne choſe qu'il faut faire. Et
parceque les Aſtrologues ſe ſervent encore ſouvent de ce dernier moyen pour abuſer de la ſim-
plicité de la pluſpart du monde, il faut faire voir
qu'il n'y a pas plus de ſolidité dans celuy-cy, que
dans tous les autres.   T iij

Saint Augustin fournit luy mesme plusieurs réponces à cette objection. Il remarque en premier lieu; que les Devins & les Astrologues se voyans gueux & misérables, ils ont souvent recours au Diable, & se donnent à luy dans leur derniere extremité. C'est pourquoy il ne faut pas s'estonner s'ils apprennent dans ce commerce, que la magie leur fait entretenir, plusieurs choses fort surprenantes , & qui sont incompréhensibles au reste des hommes. Cette seule réponce devroit suffire à vn Chrestien pour luy faire conçevoir vne entiére aversion de ces sortes de personnes , & pour luy faire faire vne ferme résolution de ne les consulter jamais. Mais voyons les autres remarques que fait encore ce Pere.

Il adjouste que les Astrologues qui font profession de prédire les choses futures, en prédisent tant pour l'ordinaire, que ce n'est pas merveille qu'entre vn nombre infiny de prédictions, quelquesvnes arrivent par hazard, & se trouvent véritables. Et on les favorise encore, dit-il , en oubliant facilement toutes les choses qu'ils ont prédites, & qui n'arrivent point ; & en ne se ressouvenant précisément que de celles qui sont arrivées , parceque leur présence sert beaucoup à nous en rafraichir la mémoire. Par exemple , que l'on prédise à cinquante Cardinaux en particulier qu'ils seront vn jour eslevez iusqu'à la Papauté, ils se tiennent tous dans cette attente secrette sans en parler à personne, & ils meurent bien souvent aprés s'estre flattés long temps de cette vaine espérance. Mais s'il arrive qu'au jour de l'eslection, l'vn d'entr'eux soit déclaré Pape, celuy là se ressouviendra facilement de ce que luy avoit prédit son Horoscopiste, il en fera part à ses amis, & ainsi vne seulle vérité dite par hazard authorisera l'Astrologie au préjudice de quarante neuf mensonges, dont on ne parlera point.

Adjoûtez que les Astrologues sont en cecy fort semblables à ces Charlatans & à ces Opérareurs, qui sans sçavoir les premiers principes de la Médecine ne laissent pas de se vanter par tout qu'ils ont des onguents & des remedes spécifiques pour toutes sortes de blessures & de maladies. Et afin de se mettre plustost en réputation, ils ont vn mémoire & vne liste éxacte de tous ceux qu'ils ont guéris par hazard, & par la rencontre favorable d'vn temperament bien composé. Ils produisent ces éxemples dans toutes les compagnies, & ils observent sur tout de ne jamais parler de ceux à qui leurs remedes ont esté contraires & funestes. Il en est tout de mesme des Astrologues; ils gardent vne liste fort éxacte de quelques évenemens qui se sont trouvez par hazard conformes à leurs prédictions, ils estudient toutes les occasions de les pouvoir débiter & par escrit & de vive voix: mais ce qu'ils observent le plus régulierement, c'est d'estouffer tous les pronostiques qui ne sont point arrivez, & de faire en sorte qu'on n'en parle jamais.

On peut encore remarquer que toutes ces prédictions sont souvent si génerales & si ambigües,

Ea commemorant, quæ non arte illa (quæ nulla est) sed quâdam rerum sorte obscurâ contingunt. S. Aug. ibidem.

qu'elles peuvent se prendre en des sens fort différens; de sorte que les Astrologues qui les font, se conservent tousiours la liberté de les pouvoir expliquer dans celuy qui aura plus de rapport avec l'évenement; par exemple, lors qu'ils disent qu'vne Eclipse arrivée dans le Bellier présage des naufrages, des pestes, & des famines; qu'vne Cométe dans le Taureau signifie la mort d'vn Grand, des guerres civiles, & des morts subites; ils ne se hazardent pas beaucoup de passer pour des menteurs, parceque ce sont des miséres & des malheurs, qui sont si attachez à la corruption de la nature humaine, qu'il est comme impossible qu'ils n'arrivent tous les ans en quelque endroit du monde, & qu'ils ne suivent ces Phénomenes, comme ils les précedent aussi assez souvent. C'est pourquoy quelque chose qu'il arrive icy où ailleurs, ils font tousiours assez bien quadrer leurs prédictions avec l'évenement.

Mais ce qui est de plus remarquable dans l'Astrologie judiciaire, c'est que tous ceux qui en font profession, ne l'estiment pas tant, & n'y ont pas mesme tant de confiance, que ceux qui les vont consulter. On trouve assez d'Astrologues qui s'empressent de faire indifférament l'Horoscope de tous ceux qui se présentent: mais il est sans éxemple qu'aucun d'eux ayt jamais pu travailler pour soy mesme, & se soit fait fort de sçavoir tout ce qui luy devoit arriver. Zoroastes, par éxemple, que l'on fait passer pour vn des premiers Autheurs de l'Astrologie, se vantoit hardiment de sçavoir tout ce qui devoit arriver aux autres; & cependant ilne

il ne put jamais prévoir qu'il seroit luy mesme mi-
sérablement défait & massacré dans la guerre qu'il
entreprit contre Ninus. Et à propos de cela je ne
sçaurois oublier ce qui arriva il y a quelque temps
dans Paris à vn célebre Horoscopiste qui est connu
de plusieurs personnes de la Cour, & qui ne subsiste que par le moyen des liberalités de ceux à qui
il promet de donner des avertissemens salutaires
de ce qui leur doit arriver de bien ou de mal. Ce
pauvre Astrologue alla s'attaquer à vn Gentilhomme qui estoit tout triste & tout abbatu d'vn procez de la derniére conséquence qu'il venoit de perdre, il le tira à part, & aprés luy avoir montré vne
feüille de papier où les figures des Planétes estoient
toutes differamment plaçées, il luy dit, comme il
a de coustume, qu'il y avoit long-temps qu'il
cherchoit l'occasion de le trouver seul pour luy
donner vn avis fort important touchant quelque
chose de fascheux qui luy devoit bientost arriver,
& qu'il seroit sans doute bien aise de le sçavoir
afin de pouvoir prendre ses mesures pour l'éviter
plus facilement. Ce Gentilhomme qui ne croyoit
point pour lors qu'il luy pût arriver vn plus
grand malheur, que la perte de son procez, re-
poussa d'abord fort brusquement ce faiseur d'horoscope, & le maltraita mesme de quelques injures; mais comme l'Astrologue persistoit tousjours
dans ses inportunitez, & qu'il ne se rebutoit
point ny par les injures ny par les menaçes, ce
playdeur affligé s'emporta extrémement, & aprés
luy avoir lasché vn grand soufflet, il se mit

V.

encore en devoir de le pourſuivre à coups de can-
ne iuſqu'à ce qu'il ſe fuſt enfuy, & qu'il ſe fuſt
ſauvé dans la foulle de ceux qui eſtoient accourus
au bruit & au vacarme que cette rencontre avoit
fait. Je vous laiſſe à penſer ſi cét Horoſcopiſte
avoit eſté bien inſtruit de l'avenir, s'il euſt eſté ſi
foû que de s'aller mettre au hazard de reçevoir
ces coups, & s'il ne ſe ſeroit pas pluſtoſt ſervy de
ſes lumieres pour les éviter, que de vouloir ainſi ſe
rendre néceſſaire aux autres à ſon grand préjudice.

Concluons donc que l'Aſtrologie judiciaire n'eſt
appuyée ſur aucun fondement ſolide, qu'elle eſt
contraire à la raiſon, à l'expérience, & à la pratique meſme des Aſtrologues. Et pour deſtourner
entiérement les eſprits foibles qui auroient envie
de les conſulter, pour ſçavoir ce qui leur doit arriver; finiſſons ce Chapitre par vn éxcellent Dilem-
me, dont ſe ſervoit vn ancien Philoſophe, pour en
diſſüader ceux de ſon temps.

Si vous les conſultez, diſoit-il, ils vous prédi-
ront ou des bonheurs, ou des malheurs. S'ils vous
prédiſent des bonheurs, & qu'ils vous trompent;
vous ſerez tousjours miſérable par vne vaine attente de ce qui n'arrivera jamais. S'ils vous prédiſent des malheurs, & qu'ils mentent; vous ne laiſſe-
rez pas d'eſtre encore miſérable, par la crainte que
vous aurez tousjours qu'ils ne vous arrivent. Mais
s'ils diſent par hazard la vérité, & qu'ils vous menaçent de quelque infortune, vous ſerez malheureux
en eſprit ayant que de l'eſtre en effet, & ainſi vous le

ferez doublement. Enfin s'ils vous promettent quelque bonne fortune, qui arrivera effectivement; cette prédiction vous fera encore desavantageuse, en ce qu'elle vous tiendra tousjours l'esprit en suspens, par vne impatiente esperance d'en joüir au pluftoft, & que cette esperance vous privera de ce qu'il y a de plus doux & de plus agréable dans la joye, que l'on reçoit lors qu'on arrive à la joüissance d'vn bonheur que l'on n'avoit pas attendu. Et par conséquent quelque chose qu'il en arrive, il est tousjours plus seur & plus avantageux de ne consulter jamais les Astrologues.

da; & expectatione spei suspensum fatigabit, & futurum gandii fructum spes tibi jam desloraverit. Nullo igitur pacto vtendum est istiusmodi hominibus res futuras præsagientibus. Aulus Gellius l. 14. c. 1. ex Phavorino.

DISSERTATION SECONDE.

Des Principes naturels des actions humaines.

ON distingue ordinairement trois principes naturels des actions humaines, à sçavoir l'Entendement, la Volonté, & l'Appetit sensuel, & l'on propose plusieurs questions assez curieuses touchant l'excellence & la nature de ces facultez. Mais comme nous avons dessein de parler à fonds de l'Ame & de toutes ses puissances, en traitant des Passions: Nous remettrons la pluspart de ces questions à ce traité; & nous ne considérerons ces puissances dans cette Dissertation qu'entant qu'elles sont des facultez morales, c'est à dire entant qu'elles servent à l'homme pour le conduire à sa derniere fin par des moyens qui luy soient proportionnez.

CHAPITRE PREMIER.

De l'Entendement & de ses actions morales.

L'ENTENDEMENT a esté donné à l'homme non seulement pour se connoistre luy mesme, mais aussi pour connoistre Dieu, & tout ce qui est au monde. C'estpourquoy nous le devons considérer comme le premier principe intérieur des actions humaines, & comme le flambeau qui doit éclairer toutes les autres facultez, & principalement la Volonté pour faire des actions qui soient libres & volontaires; d'où vient que les Philosophes le définissent dans la Morale, *vne Faculté spirituelle, dont la principale fonction est de conduire la Volonté, en luy proposant le bien qu'elle doit embrasser & le mal qu'elle doit éviter.*

Quoy que cette définition ne contienne rien qui soit difficile à entendre, il est bon neanmoins de remarquer que l'Entendement doit exercer trois actions importantes, avant que la Volonté puisse se déterminer & se porter à son bien véritable. Ces actions sont *la Connoissance, la Délibération, & le Iugement.* Car il faut premiérement qu'il connoisse & qu'il propose la fin où l'homme doit rapporter toutes ses actions. En second lieu, il faut qu'il éxamine & qu'il délibére sur les differens moyens qui peuvent conduire à la mesme fin; & enfin il faut qu'il porte vn jugement de préférance pour celuy qui luy semble le plus propre, & le plus convenable.

Mais toutes ces actions de l'Entendement n'e-
stans ordonnées d'elles mesmes que pour conduire
la Volonté, & pour la faire agir; il faut s'arrester
vn peu plus en particulier sur la subordination de
ces deux facultez, & il faut éxaminer comment
l'vne peut mouvoir l'autre, & contribuer à son
action.

Pour cela, nous devons dire en premier lieu,
que la Volonté ne sçauroit agir, que l'Entendement ne la précede par ses lumieres & par ses
connoissances. Car la Volonté estant vne faculté
aveugle, elle ne sçauroit discerner le bien d'avec le
mal, ny ce qui est avantageux à l'homme d'avec
ce qui luy peut apporter du préjudice: & par conséquent comme elle ne luy a esté donnée que pour
se porter au bien, & s'éloigner du mal, il faut nécessairement qu'elle soit éclairée par les lumiéres
de l'Entendement pour produire la moindre de
ses actions, parcequ'il est impossible de rechercher, & de désirer vn bien avant que de le connoistre.

Ignoti nulla
cupido.

Cette vérité n'est point contestée de personne,
& l'on demeure assez facilement d'accord que l'Entendement doit déterminer la Volonté à son objet par le moyen de la connoissance qu'il en a.
Mais toute la question n'est que de sçavoir quelle
doit estre cette connoissance; Par éxemple, s'il
suffit que l'Entendement ayt seulement l'idée de
cét objet, ou s'il est encore nécessaire qu'il fasse
vn jugement pour s'assurer de sa bonté; & supposé

qu'il ayt jugé qu'vne chofe foit bonne, & convenable, fi la Volonté ne peut pas nonobftanr
fon jugement la fuir & l'avoir en averfion. Sur
quoy, pour fuivre la lumiere naturelle.

Nous devons dire en fecond lieu, que pour
déterminer la Volonté à quelque objet, ce n'eft
pas affez que l'Entendement en forme vne fimple
idée, & qu'il le connoiffe: mais il faut encore
qu'il porte vn jugement, par lequel il affure qu'il
eft convenable. Car vne puiffance ne fçauroit éxercer fon action, fi fon objet n'eft accompagné de
toutes les conditions qui luy font néceffaires. Par
éxemple, la veüe ne peut découvrir aucun objet
s'il n'a de la couleur, & s'il n'eft éclairé par la lumiére; & fans ces deux qualités cette faculté nous
feroit toutafait inutile. Il en eft tout de mefme
de la Volonté, elle ne fçauroit avoir de l'amour
ou de la hayne pour vn objet, s'il ne luy eft auparavant répréfenté comme bon ou comme mauvais;
de maniére que fans ce motif de bien ou de mal,
elle demeureroit toutafait oifive & fans action:
Or ce n'eft que par le moyen d'vn jugement que
l'efprit peut nous répréfenter vn objet comme bon
ou comme mauvais; Car par la fimple conception
il ne connoift d'abord vne chofe qu'en elle mefme; & ce n'eft qu'aprés l'avoir comparée avec fon
vtilité particuliere qu'il peut joindre l'idée de bien
ou de mal, avec l'idée qu'il avoit formée de cette
chofe (Ce qui eft proprement faire vn jugement)
C'eftpourquoy nousavons raifon de dire que c'eft
vne néceffité qu'il y ayt tousjours quelque juge-

ment dans l'esprit , avant que d'y avoir aucune action dans la volonté.

L'experience mesme s'accorde assez avec la raison, puis qu'il n'y a personne qui ne puisse éprouver facilement dans soy mesme qu'il ne ressent jamais aucun mouvement de hayne ou d'amour pour vn objet , s'il ne juge auparavant qu'il est bon ou mauvais ; Par éxemple , si l'on présentoit à vn homme vne fiole pleine de quelque liqueur prétieuse , sans luy en découvrir d'abord le prix ny les vsages qu'elle pourroit avoir , il n'en seroit pas plus de cas que si c'estoit de l'eau commune qu'on luy eust présentée. Mais si on luy disoit ensuite que cette liqueur est de l'or potable qui peut conserver la santé & guérir toutes sortes de maladies, il jugeroit en mesme temps que ce seroit vn bien fort considérable ; & ainsi il ne manqueroit pas de ressentir dans sa volonté vn mouvement d'amour pour cette chose ; Tant il y a de connéxion entre le jugement de l'esprit & l'action de la volonté.

Nous devons dire en troisiéme lieu , que la subordination qui se trouve entre la Volonté & l'Entendement est si parfaite, que la Volonté s'attache tousjours sans hésiter au bien que l'Entendement luy a réprésenté comme le plus convenable, desorte qu'il est vray de dire qu'elle n'agit jamais contre son dernier jugement.

Cette vérité est vne suitte de ce que nous avons dit dans la premiere partie de cette Morale, que la volonté ne pouvoit jamais se porter au mal ré-

préſenté comme mal ; car il eſt facile de conçevoir que l'eſprit ne ſçauroit juger qu'vne choſe
nous eſt vtile & avantageuſe, qu'il ne juge en
meſme temps que ce qui nous la ravit & nous la
fait perdre eſt vn véritable mal , puiſque c'eſt vn
mal d'eſtre privé de quelque bien qui eſt vtile &
néceſſaire : & par conſéquent ſi la volonté n'em-
braſſoit pas vne choſe que l'Entendement luy
vient de répréſenter comme tres vtile par ſon dernier jugement, elle ſe priveroit de ce bien & ſe
porteroit au mal conſideré comme mal ; Par éxemple , lorſqu'vn homme ſe trouve dans vne chambre où le feu vient de prendre du coſté de l'eſcal-
lier, ſi aprés avoir bien éxaminé le péril , il juge
qu'il n'y a point d'autre moyen pour ſauver ſa vie
que de deſcendre par la feneſtre , ce moyen luy
paroiſt fort avantageux ; & tout le reſte, comme de ſortir par la porte , ou de demeurer dans la
chambre , luy eſt répréſenté comme vn mal , &
ainſi il n'en ſçauroit avoir que de l'averſion.

Deplus , comme dit Saint Auguſtin , nous ne
nous portons jamais qu'à ce qui nous plaiſt davantage ; & à ce qui nous paroiſt plus agréable : Or
c'eſt par les ſeules lumiéres de l'eſprit,& par ſes conſidérations différentes, qu'vne choſe nous paroiſt
plus ou moins agréable : & parconſéquent la Volonté ſuit touſjours, & s'attache au dernier jugement
de l'eſprit. C'eſt auſſi pour cela que Saint Bernard
voulant rendre raiſon pourquoy le conſentement
de la volonté s'appelle *libre arbitre* , dit qu'il s'appelle *libre* , à cauſe de la liberté qui accompagne

toutes

Quod nos am-
plius delectat, ſe-
cundùm id ope-
remur neceſſeeſt.
*Aug. in Epiſt, ad
Galat.*

Hic ergo talis
conſenſus ob vo-
luntatis inamiſſi-
bilem, libertatem
& rationis quod
ſemper ſecum
poterat & vbique

toutes les actions de la volonté, & qu'on y adjoute le mot *d'arbitre*, qui signifie la mesme chose que *jugement*, parceque la volonté suit tousjours le jugement de la raison, sans pouvoir jamais s'en écarter.

Mais n'y a-t'il pas des gens, me direz vous, qui agissent contre leur propre connoissance, qui embrassent le mal qu'ils blasment & qu'ils desaprouvent, & qui haïssent en effet le bien qu'ils loüent & qu'ils estiment; Comme sont ceux dont Saint Jacques reprend le peché, lesquels sçavent assez ce qu'il faut faire, sans pourtant le pratiquer, & & ausquels on pourroit fort bien attribuer les parolles que Medée disoit dans sa fureur, *Je vois ce qu'il est à propos de faire, & je l'approuve mesme; mais ma passion m'emporte à faire tout le contraire.*

Je responds à cela, que pour lever toute la difficulté, il n'y a qu'à bien distinguer entre le jugement de l'esprit, qui est véritablement le dernier, & celuy qui ne l'est pas; entre le jugement vniversel ou spéculatif, & le particulier ou pratique, comme parlent les Philosophes. On appelle vn jugement spéculatif & vniversel celuy qui se fait sur vne chose considerée en elle mesme, & sans avoir d'autre égard qu'à la droite raison. Et on appelle vn jugement pratique & particulier celuy qui se fait sur la mesme chose, lorsqu'il s'agit en effet de la fuir ou de l'embrasser, & que la passion mesme a le temps de se mesler avec la raison. Quand la raison nous conduit, ces deux jugemens s'accor-

X

indeclinabile judicium, liberum arbitrium dicitur S. *Bern. l. de gratia & lib. arb.*

Scienti bonum facere & non facienti peccatum est illi. *Iacob. 4.*

Video meliora proboque, deteriora sequor. *Ovid. 10. metamorph.*

dent bien enſemble: Mais ſi la paſſion s'en rend la maiſtreſſe, il y a tousjours entr'eux quelque contrariété. Par éxemple vn homme peut juger en général par vn jugement ſpéculatif qu'il faut obeïr à l'Egliſe, & garder tous ſes Commandemens: & néanmoins la paſſion venant à flatter ſes ſens de quelque viande deffendüe qu'on luy préſente vn jour de jeuſne, il jugera par vn jugement pratique, qu'il eſt fort agréable de s'en raſſaſier & de ſatisfaire ſon gouſt. Car, comme dit Saint Thomas, il n'y a point de répugnance qu'vn homme juge d'abord fort ſainement en général ce qu'il eſt apropos de faire, & que la corruption luy faſſe porter enſuite vn jugement pratique tout contraire, lorſque l'occaſion ſe préſente d'agir. Cela poſé, il eſt aſſez clair qu'on ne doit point conteſter qu'vn homme peut quelquefois agir contre ſon jugement vniverſel & ſpéculatif, parceque ce n'eſt pas le dernier qu'il doit faire: mais il ne faut pas inférer de là qu'il puiſſe tout de meſme agir contre ſon jugement pratique & particulier qui eſt en effet le dernier, parceque c'eſt celuy-là ſeul qui ſert de guide à la volonté, & qui la détermine. La vérité donc que nous avons avancée ſubſiſte tousjours; & il eſt facile d'appliquer cette reſponſe à toutes ſortes d'éxemples; car ceux qui font le mal qu'ils deſaprouvent, agiſſent bien contre le jugement vniverſel & ſpéculatif, qui leur vient de la droite raiſon: mais ils ne laiſſent pas de ſuivre tousjours le jugement pratique & particulier que la paſſion leur ſuggére.

CHAPITRE SECOND.

De la Volonté & de ses actions morales.

ON dit ordinairement que la Volonté est *vne Faculté spirituelle & aveugle, qui estant conduite par l'Entendement, se porte à aymer & à embrasser le bien comme son véritable objet.* Or le bien estant ce qui nous détermine à agir, il s'ensuit que la Volonté doit estre vn des premiers principes des actions humaines, & qu'elle doit mouvoir toutes les autres facultez, sans éxcepter mesme l'Entendement. C'est pourquoy nous devons nous arrester vn peu sur sa maniére d'agir, & sur le nombre des actions qu'elle peut éxercer; & parcequ'elles sont toutes libres & volontaires, il faudra adjouter aussi quelque chose de la liberté.

Pour bien pénétrer la maniére d'agir de la Volonté, il faut remarquer que quoyque l'Entendement la conduise, comme nous venons de dire dans le Chapitre précédent, la Volonté ne laisse pas de luy commander réciproquement, & de le déterminer aussi bien que les autres falcutez dans toutes ses actions. Car quand plusieurs causes sont sousordonnées entr'elles pour produire leurs actions, c'est tousjours celle qui doit se porter à la fin générale qui détermine les autres vers leurs fins particuliéres; Par éxemple, c'est à faire au Roy, qui doit procurer le bien général de tout vn Royaume, à déterminer les Gouverneurs des

Provinces qui luy ſont ſoumiſes , & à leur en-
voyer les ordres qui ſont néceſſaires pour le bien
de tout ſon Eſtat , parceque chacun d'eux n'eſt o-
bligé de ſonger qu'au bien particulier de ſon gou-
vernement. Or la Volonté a cette prérogative par-
deſſus les autres facultez, qu'elle ſe porte à la fin
générale de l'homme , pendant que les autres ne
recherchent que des fins particuliéres, c'eſt à dire
des biens , qui ne ſont que des parties du bien
vniverſel, qui eſt l'objet de la Volonté ; Car la Veuë,
par éxemple, ne ſert que pour voir des couleurs,
l'Ouye pour entendre des ſons, & l'Eſprit pour connoiſtre quelques verités ; leſquelles perfections ne
ſont que des biens particuliers, & propres à ces ſeules facultez, au lieu que la Volonté recherche le bien
général, & qui convient à l'homme tout entier.

L'expérience prouve encore aſſez la grande ſu-
bordination qui ſe trouve entre toutes les puiſ-
ſances de l'homme & ſa Volonté. Car premiérement
pour ce qui eſt des facultez extérieures , il eſt conſtant que nous parlons, nous marchons , & nous
voyons auſſitoſt que nous le voulons, pourveu qu'il
n'y ayt point d'ailleurs quelque empeſchement particulier qui corrompe la diſpoſition des organes.

Secondement , pour ce qui eſt de l'Entendement,
nous éprouvons auſſi aſſez ſouvent que la Volonté l'applique, & le détermine à vne eſtude pluſtoſt
qu'à vne autre, & que nous recherchons tantoſt
la connoiſſance d'vne choſe inconnüe, & tantoſt
d'vne autre, ſelon les differentes inclinations de
noſtre Volonté. Et cela paroiſt encore davantage

dans les véritez surnaturelles, & dans les choses de la foy, où la Volonté commande si absolument à l'Entendement de les croire pour tres certaines & tres assurées, nonobstant leur obscurité & leur inévidence, que l'Apostre n'a point feint de dire, que *croire c'est captiver son esprit, & le soûmettre à l'obeïssance de* JESVS-CHRIST. Et la raison de ce Commandement si absolu que la Volonté éxerce en ces choses sur l'esprit, est que Dieu qui les ordonne ne peut se tromper, parcequ'il est la souveraine sagesse, & ne veut pas aussi nous tromper, parcequ'il est la bonté infinie; & ainsi l'esprit est convaincu qu'elles sont certaines & indubitables, quoy qu'elles ne laissent pas de luy sembler tousjours obscures.

In Captivitatem redigentes omnem intellectum in obsequiu Christi 2. cor. 10.

Mais comment peut-on accorder, me direz vous, que la Volonté détermine l'Entendement, & que l'Entendement détermine réciproquement la Volonté? Il faut nécessairement que de ces deux facultez il y en ayt vne qui agisse la premiere. A laquelle donc doit on donner cette prérogative?

Je responds en premier lieu, qu'il n'y a point de répugnance que deux choses soient causes l'vne de l'autre sous des considérations différentes. Par éxemple, la santé est cause que l'on prend médecine, & la médecine est aussi cause que l'on recouvre la santé. Ainsi nous pouvons dire que nous connoissons quand nous voulons, & que nous voulons ce que nous connoissons.

En second lieu, il y a pourtant cette différence entre la Volonté & l'Entendement, que la con-

noissance précede tousjours l'action de la Volonté;
quoique la Volonté ne précede pas tousjours l'a-
ction de l'Entendement. Car nous pouvons avoir
plusieurs connoissances, & nous réprésenter quantité de choses par l'esprit, sans que la Volonté y contribüe; comme il arrive dans les tentations & dans
les mauvaises pensées, qui ne sont pas aussi impu-
tées à péché, parceque la Volonté n'y consent pas:
mais au contraire la Volonté estant aveugle, elle
ne sçauroit jamais se porter à vn objet, s'il ne luy
est auparavant réprésenté par l'esprit. Et dans ce
commandement mesme si absolu, que nous avons
dit qu'elle exerçoit dans les matiéres de foy, elle
ne laisse pas d'y supposer tousjours quelque raison; Car comme dit Saint Augustin, nous ne pour-

rions pas nous porter à croire ce qui est au dessus
de nostre raison, si la raison mesme ne nous avoit
persuadés qu'il y a des choses que nous faisons bien
de croire, quoy que nous ne soyons pas encore
capables de les comprendre. Ainsi la vraye raison
nous apprend que Dieu estant la vérité mesme, il
ne nous peut tromper en ce qu'il nous révele de
la nature ou de ses mysteres, d'où il paroist qu'encore que nous soyons obligez de captiver nostre
entendement pour obeïr à JESUS-CHRIST, nous
ne le faisons pas neanmoins aveuglément & sans
raison, mais c'est avec connoissance de cause, &

parceque c'est vne action raisonnable que de se captiver de la sorte sous l'authorité de Dieu.

C'est aussi pourquoy la Volonté n'exerce jamais
son empire sur l'Entendement à l'égard des véritez

naturelles, & elle ne le détermine point à les croire qu'à proportion de la lumiére & de l'evidence qui s'y rencontre. Ainsi comme l'esprit est convaincu que la foy humaine est de soy mesme sujette à l'erreur, parceque tout homme est menteur selon l'Escriture, & qu'il se peut faire que celuy qui nous assurera vne chose comme véritable, se sera luy mesme trompé: quoy que commande la Volonté dans ces rencontres, l'Entendement ne sçauroit se captiver, ny se soumettre avec la mesme déférence qu'il avoit pour les véritez révelées, & il ne sçauroit croire comme vray ce qu'il juge estre faux, ny assurer comme certain ce qui luy semble estre douteux: de mesme qu'il ne peut aussi nier & tenir pour faux ce qui luy paroist véritable, comme par éxemple, les premiers principes qu'il connoist tres évidemment par la seule lumiére naturelle.

Pour ce qui est des actions particuliéres de la Volonté, on les met d'ordinaire au nombre de six, dont il y en a quelques vnes qui se portent à la fin, & d'autres vers les moyens.

La Volonté se porte vers la fin par trois actions différentes, qui sont *le simple Vouloir ou l'Amour*, *l'Intention ou le Désir*, & *la Ioüissance*. Le Vouloir regarde la fin en elle mesme, & simplement comme vn bien; l'Intention la regarde comme vn bien absent, & qu'on ne possede pas encore; & la Ioüissance la regarde comme vn bien présent, & qu'on possede desja.

La Volonté se porte aussi vers les moyens par trois autres actions, àsçavoir par le *Consentement*,

Mendaces filij hominum *Psalm.* 61.
Omnis homo mendax. *Psalm.* 115.

par *le Choix*, & par *l'Vsage*. Elle se détermine par le Consentement à se servir des moyens que l'Entendement luy a proposés: par le Choix elle préfére ceux qui luy semblent les meilleurs: & par l'Usage elle s'en sert actuellement, & elle applique les autres facultez à les employer pour pouvoir arriver à sa fin.

Mais pour bien entendre la subordination réciproque de l'Entendement & de la Volonté, il faut considérer en quel ordre ces deux facultez produisent toutes leurs actions. Premierement, l'Esprit propose vn objet comme vn bien par la *Connoissance* qu'il en a. 2. La Volonté l'ayme en luy mesme par *le Vouloir*. 3. Si l'Entendement juge que nous pouvons l'obtenir, *l'Intention* ou le desir de le posseder succede à l'amour. 4. La Volonté poussée de ce désir applique l'Entendement pour délibérer sur les differens moyens qui peuvent procurer la possession de cét objet, & aprés que l'Esprit s'est asfûré de leur bonté par *la Délibération*, la Volonté se détermine à les prendre par *le Consentement*. 5. Comme entre plusieurs moyens il y en a tousjours quelqu'vn qui semble plus vtile que les autres, la Volonté s'y attache par *le Choix* qu'elle en fait. 6. La Volonté ayant préféré par son choix vn des moyens aux autres, elle s'en sert actuellement par *l'Vsage*, & elle fait agir pour cela les mains, les pieds, & les autres facultez qui sont nécessaires pour s'en servir. Enfin s'il arrive que cét objet tant désiré vienne en nostre possession, la Volonté s'y repose par la derniére action que l'on appelle *iouissance*.

Ij

Il seroit facile d'enrichir cecy de plusieurs éxemples ; car nous ne nous portons jamais à la recherche d'aucun objet, que nous n'exercions toutes ces actions tant de l'esprit que de la Volonté dans le mesme ordre que nous venons de dire ; quoy qu'à la vérité tout cela se fasse plus promptement qu'on ne sçauroit l'expliquer.

CHAPITRE TROISIE'ME.

DE LA LIBERTE'

LA Liberté est vne prérogative qui fait que l'homme est maistre de ses actions, qu'il agit comme il luy plaist, & qu'il ne se porte qu'à ce qu'il veut. C'est aussi pourquoy elle l'éleve au dessus des créatures irraisonnables, que la nature détermine & conduit à leurs fins, & elle le met au rang des Anges mesmes, qui sont les Images vivantes de la Divinité.

On pourroit proposer plusieurs difficultez à l'occasion de la Liberté, dont l'éclaircissement ne pourroit estre que tres vtile & tres agréable : mais parceque les Scolastiques & les Theologiens sont fort partagez sur cette matiére, nostre dessein n'est pas de nous engager trop avant dans leur dispute. Nous nous contenterons de traiter seulement dans les trois Sections suivantes quelques questions générales, qui concernent l'Existence, l'Essence, & le sujet de la Liberté.

SECTION PREMIERE.

De l'Existence de la Liberté.

TRois sortes de personnes ont voulu oster à l'homme sa Liberté, à sçavoir des Philosophes, des Astrologues, & des Héretiques.

Quelques Philosophes, comme Démocrite, & Empedocle ont voulu faire croire que toutes les choses du monde estoient conduites par le destin, & dépendoient de l'inconstance & de la bizarrerie de la fortune.

Il s'est aussi trouvé des Astrologues assez impertinens, pour prétendre que non seulement les Astres agissoient par leurs influences, sur nos humeurs & sur nos tempéramens : mais qu'ils déterminoient aussi nos Volontez dans toutes leurs actions.

Enfin les Héretiques, qui ont embrassé les sentimens de Calvin, croyent que l'homme a perdu sa Liberté par le péché de nos premiers Péres, & qu'il n'est plus en son pouvoir d'observer les Commandemens de Dieu. C'est l'héresie que condamnérent les Peres du Concile de Trente, & contre laquelle ils fulminérent cét anathême qui se trouve à la sess. 6. Can. 5.

Mais il est assez facile de prouver qu'il y a dans l'homme vne Liberté, qui luy fait faire ce qu'il veut, & que ceux qui la combattent contredisent formellement à l'Ecriture, & à la raison.

Ie prends le Ciel & la Terre à tesmoins (dit DIEV) que je vous ay aujourd'huy proposé la vie & la mort, la bénédiction & la malédiction. Choisissez donc la vie, afin que vous puissiez vivre, & que vous aimiez le Seigneur vostre Dieu.

Et au chapitre 24. de Josué. *S'il vous semble,* dit il en parlant à tous les Israëlites, *qu'il y ait du mal à servir le Seigneur, l'on vous donne l'option, choisissez donc aujourd'huy celuy qui vous plaist, & à qui vous devez rendre vos hommages, ou le Dieu d'Israël, ou les Dieux que vos Ancestres ont adoré en Mésopotamie, ou bien ceux des Amorrhéens.*

Au chapitre 15. de l'Ecclesiastique, il est dit, que *Dieu ayant créé l'homme, il le laissa à sa propre conduite, & luy proposa le feu & l'eau, pour choisir celuy des deux qui luy plairoit davantage.*

Et Saint Paul en parlant de celuy qui fait vœu de Virginité, dit, *qu'il le fait de son propre mouvement, qu'il n'y est point contraint, & qu'il est entiérement maistre de sa volonté.*

Or c'est avoir la Liberté, que d'agir de son propre mouvement, de pouvoir faire choix entre deux choses qui nous sont proposées, & de prendre l'vne & laisser l'autre. Et par conséquent l'on ne peut nier la Liberté de l'homme, sans contredire formellement à l'Ecriture Sainte, & sans tomber dans vne hérésie manifeste.

La raison s'accorde aussi fort bien avec l'Ecriture. Car premierement, l'homme se détermine luy méme à agir, & il délibére dans toutes ses entreprises sur les moyens qu'il doit prendre pour ar-

river à sa fin: Or ces actions ne sçauroient se faire
sans supposer vne pleine & entiére Liberté; car on
ne se détermine pas proprement à quelque chose,
si on n'est maistre de soy mesme, & nous ne déli-
bérons jamais que des choses qui dépendent de
nous, & qui sont en nostre pouvoir ; Par éxemple, vn homme ne mettra jamais en délibération
s'il doit arrester le Soleil, ou non, s'il doit empescher le flux & reflux de la Mer, & d'autres choses
semblables.

Secondement, Dieu a donné à l'homme vn Entendement, par lequel il est capable de connoistre
non seulement la fin & les moyens en général,
mais encore de les comparer ensemble, & de juger
lequel est le plus vtile & le plus avantageux : Donc
il faut qu'il luy ayt aussi donné vne Puissance &
vne Liberté, par laquelle il puisse se porter aux
vnes, & laisser les autres ; ou autrement ces belles
lumieres de l'Entendement luy seroient toutafait
inutiles.

Troisiémement, les chastimens & les récom-
pences, les conseils & les exhortations se feroient
sans aucun fondement, s il n'y avoit point de Liberté dans l'homme ; car on ne punit ny on ne
récompense jamais celuy qui fait quelque chose
malgré soy, & l'on ne se sert point de conseils ny
d'exhortations pour porter vn homme à quelque
chose qui ne dépend pas de son choix.

Enfin l'expérience nous fait assez connoistre nostre Liberté, puisque nous parlons, nous allons,
& nous faisons la pluspart de nos actions quand

nous le voulons,& en la maniére que nous le voulons.

Mais ce n'est pas assez d'avoir prouvé cette vérité.
Il faut encore respondre aux Objections dont l'on
peut se servir pour la combatre.

On objecte en premier lieu, que l'homme n'est
aucunement Libre, s'il ne fait pas ce qu'il veut. Or
l'Apostre dit formellement en parlant de soy mesme, *qu'il ne faisoit pas le bien qu'il vouloit, mais qu'il
faisoit le mal qu'il ne vouloit pas faire.*

Pour lever entiérement cette difficulté, il faut
remarquer que l'homme peut à la vérité ressentir
plusieurs mouvemens dans sa chair, sans que l'esprit y prenne aucune part. Et cela est si vray, que
les plus Saints mesmes, qui s'attachent entiérement à Dieu, n'en sont pourtant jamais exempts
dans cette vie, puisque Saint Paul dans l'ardeur &
dans le zéle qui le consommoit pour la gloire de
Dieu, ne laissoit pas de se plaindre, & de dire *qu'il
sentoit vne Loy dans ses membres, qui résistoit continuellement à la Loy de son Esprit.* Or c'est en considéra-
tion de ces mouvemens charnels qu'il dit, qu'il ne
fait pas le bien qu'il veut, & qu'il fait le mal qu'il
ne veut pas; Car comme c'est vn bien fort considérable à vn homme juste de n'en estre point tour-
menté, celuy est aussi vn mal toutafait insuportable de s'y voir assujetry. Mais toutes ces rébel-
lions de la chair ne destruisent pas pour cela la
Liberté, parceque c'est vne prérogative qui appartient à la partie spirituelle de l'homme, & dont
la puissance ne consiste pas à pouvoir prévenir &

Non quod volo
bonum hoc ago,
sed quod odi ma-
lum hoc facio.
Rom. 8.

Caro concupis-
cit adversus Spi-
ritum *Galat. 5.*

Sentio legem in
membris meis
repugnantem le-
gi mentis meæ.
Rom. 8.

empefcher les émotions de la concupifcence, puifque nous n'en fommes pas les maiftres; mais feulement à fufpendre le confentement de la Volonté, & à tenir l'Efprit tellement au deffus de la chair, qu'il ne s'y laiffe pas emporter aveuglément, & qu'il ne faffe que ce qui luy plaift davantage.

On peut encore objecter plufieurs paffages de l'Ecriture; comme ce que dit l'Apoftre, *qu'il ne dépend pas de celuy qui veut & qui court, de vouloir & de courir, mais bien de Dieu qui fait miféricorde.* Ou bien ce que dit le Prophete Jeremie, *Que l'homme eft dans la main de Dieu comme de la Terre eft dans celles d'vn Potier, Que l'homme n'eft pas maiftre de la voye qu'il doit tenir, & qu'il ne luy appartient pas de régler fes pas.*

Mais il ne faut point d'autres refponces, que celles que donne S. Thomas dans la premiere partie de fa Somme; & il faut dire aprés luy, que l'Apoftre ne prétend pas dans ce paffage ofter à l'homme la Liberté de vouloir & de courir; mais qu'il veut feulement marquer que cette Liberté toute forte qu'elle eft, n'eft pas fuffifante pour agir fans le fecours que Dieu nous donne par fa miféricorde. *Ce n'eft pas moy*, dit-il dans vn autre endroit, *qui agis tout feul, mais la grace de Dieu agit auffi avec moy.* Or la liberté demeure pleine & entiere, lorfque la grace la conduit, & il ne faut jamais nier l'vne pour eftablir l'autre; Car *s'il n'y avoit point de libre arbitre*, dit Saint Bernard, *uous ne ferions pas capables d'eftre fauvez; & s'il n'y avoit point de grace,*

Non eft volentis neque currentis fed miferentis Dei *Rom.* 9.

Sicut lutum in manu figuli, fic vos in manu meo, *Ieremia* 18.

Non eft in homine via ejus, nec viri eft ut dirigat greffus fuos.

S. Thom. 1. p. q. 83. a. 1.

Non ego, fed gratia Dei mecū. 1. *Cor.* c. 15.
Si filius vos liberaverit, verè liberi eritis. *Ioan.* 8.
Vbi Spiritus Domini, ibi libertas. 2. *Cor.* c. 3.
Si liberum arbitrium non foret, non effet quod

il n'y auroit point de cause qui pust nous conduire à nostre salut. L'Apostre neantmoins semble bien donner davantage à la grace qu'au libre arbitre, parceque c'est la grace qui prépare nos volontez, qui les prévient & qui les conduit, comme l'Eglise nous ordonne de le demander tous les jours dans nos prieres.

Pour ce qui est de la comparaison que fait le Prophete de la terre à potier; il ne faut pas la prendre au pied de la lettre. Il est bien vray que Dieu peut disposer de nos volontez, & tourner nos inclinations comme il luy plaist, de mesme qu'vn Potier peut remuer sa terre, & en faire vn vase à tel vsage qui luy semblera bon. Mais il y a pourtant cette différence entre la Volonté, & vne masse de terre, que celle-cy est toutafait inanimée & incapable d'agir; c'est pourquoy elle doit reçevoir toutes les formes qu'il plaist au Potier de luy donner, sans y contribuer de sa part par aucune action. Au lieu que la Volonté estant fort active, & toutafait libre de son essence, Dieu la fait agir d'vne maniére qui est propre à sa nature : il ne la détermine pas passivement; mais il luy donne la force de se mouvoir, & de se déterminer activement, comme nous avons dit dans la Dissertation précedente, en parlant de la grace.

Quand le Prophéte adjouste que l'homme n'est pas maistre de ses voyes, & qu'il ne peut pas conduire ses pas où il luy plaist, nous pouvons dire encore avec Saint Thomas, que cela ne se doit entendre qu'à l'égard des différens événemens qui

Populi meditati
sunt inania.
Psalm. 2.

arrivent souvent dans la vie humaine contre nostre intention ; c'est à dire que nous sommes bien
les maistres de nos volontez pour nous proposer
toutes les choses qui nous plaisent ; mais qu'il n'est
pas en nostre pouvoir de les faire reussir, comme
nous nous le proposons ; parceque c'est Dieu seul
qui est le souverain maistre, qui dispose de tout,

Disponit omnia
suaviter.

qui ruïne nos espérances, & qui renverse tous nos
desseins quand il luy plaist. Ces responces peuvent servir pour expliquer quantité d'autres passages qui semblent contenir la mesme chose.

Si l'on demande encore comment il faut entendre Saint Augustin, lors qu'il dit en termes for-

Homo malè v-
tens libero arbi-
trio seipsum per-
didit & illud. Aug.
in enchirid.

mels, *que le premier homme en abusant de sa Liberté,
s'est perdu, & sa Liberté avec luy.*

Il faut respondre, qu'il s'explique luy mesme
en plusieurs endroits, & qu'il donne assez à connoistre qu'il ne veut parler que de cette grande
force du libre arbitre qu'avoient les premiers Peres
dans l'estat d'innocence, avant que le péché eust
destruit tous les dons surnaturels dont ils avoient
esté comblez ; Car dans cet heureux estat ils a-
voient assez de force pour faire des actions méritoires de la vie éternelle, & pour persévérer dans
la justice : au lieu que depuis le péché ils ont besoin de secours bien plus grands pour guérir leurs
maladies, & les rélever de leur cheute. Voicy com-

Peccato Adæ
liberum arbitriũ
de hominũ natu-
ra periisse non di-
cimus, sed ad pec-
candum valere in
hominibus subdi-

me il parle en escrivant à Boniface. *Nous ne disons
pas que le péché d'Adam ayt osté la Liberté de la nature
de l'homme : mais seulement qu'elle ne sert plus que pour
pécher à ceux qui sont soumis sous la tyranie du Diable, &*

qu'on

qu'on ne sçauroit s'en servir pour vivre honnestement, & suivant la piété Chrestienne, si Dieu ne nous délivre par sa grace de la servitude du péché, & ne nous secoure dans toutes nos pensées, nos paroles, & nos actions.

On objecte enfin qu'il est fort difficile d'accorder la Liberté avec la préscience de Dieu ; Car supposé que Dieu ayt préveu quelque chose, il faut qu'elle arrive nécessairement, puis qu'il ne sçauroit se tromper, & ainsi la Liberté sera toutafait inutile à l'homme.

Je responds, qu'à la vérité l'on ne peut pas nier que Dieu n'ayt préveu & ordonné toutes choses de toute éternité. L'Escriture & les Peres le disent assez formellement : mais il ne faut pas pour cela nier que l'homme n'agisse tres librement ; car *Dieu* (dit Saint Thomas) *ne prévoit pas seulement qu'vne chose arrivera en quelque façon, mais il prévoit aussi la manière en laquelle elle arrivera, c'est à dire nécessairement ou librement, desorte que s'il prévoit qu'elle arrivera nécessairement, cela sera ainsi, & s'il prévoit qu'elle arrivera librement, la Volonté de l'homme s'y déterminera infailliblement avec tres grande liberté : & ainsi, tant s'en faut,* dit-il en vn autre endroit, *que la préscience ou les décrets de Dieu ostent en quelque façon la contingence de certains effets, ou la liberté des actions humaines ; qu'au contraire il n'y a rien qui les establisse davantage.*

Deplus faut-il dire que Dieu mesme agit tousjours nécessairement, & que ce n'est pas avec tres grande liberté qu'il a tiré les créatures du neant, qu'il les conserve dans leur Estre, & qu'il leur

tis à Diabolo, ad bene autem pieque viuendum nō valere, nisi ipsa hominis voluntas Dei gratiā fuerit liberata, & ad omne bonum actionis, sermonis, cogitatiouls adjuta. *Aug. l. 2. ad Bonif. c. 5.*

Effectus divinæ providentiæ non solum est aliquid evenire quocumque modo, sed aliquid evenire vel contingenter, vel necessario, & ideo evenit infallibiliter & necessario quod divinæ providentia disponit evenire infallibiliter & necessario; & evenit cōtingenter quod divinæ providentiæ ratio habet vt cōtingenter eveniat. *S. Th. 1. p. q. 22. a. 4.*

Tantum abest igitur vt præordinatio Dei tollat à rebus cōtingentiā & à voluntatibus nostris libertarem : quin imo vtramque stabilit firmissimē. *q. 19. a. 8.*

imprime tant de différens mouvemens, parce qu'en effet il ne sçauroit produire toutes ces actions sans les avoir préveües? Il faut donc conclure avec Saint Augustin, que comme la mémoire que nous avons des choses passées, ne les contraint pas d'estre passées : aussi la prescience qu'à Dieu des choses futures, ne les contraint pas d'estre futures.

Sicut memoria nostra non cogit præterita esse quæ præterierũt: ita nec præscientia Dei cogit futura esse quæ futura sunt. Aug. l. 3. de lib. arb.

SECTION SECONDE.

De l'Essence de la Liberté.

LA Liberté suivant ce que nous venons de dire, n'est autre chose que la puissance de faire ce qui nous plaist; & estre libre, c'est estre maistre de ses actions, & faire ce que l'on veut : comme au contraire, estre forcé & contraint, c'est faire ce que l'on ne voudroit pas. Ainsi vn homme qui est attaché à vne chaisne, n'est pas en estat d'aller où il luy plaist, mais il est contraint de demeurer tousjours dans la mesme place.

On propose plusieurs questions touchant l'essence de la Liberté, & l'on demande quelle indifférence il faut avoir pour estre libre, & quelle nécessité ruine la Liberté.

Mais pour respondre nettement à ces questions, il faut distinguer deux sortes de Libertez, dont l'vne est pour la vie présente, & l'autre est pour la vie future; l'vne pour la fin, & l'autre pour les moyens.

La Liberté de l'homme durant le pélerinage de cette vie est accompagnée d'indifférence; parceque l'homme y est entre le bien & le mal, & qu'il peut faire le bien estant assisté de Dieu, & secouru par sa grace, comme il peut aussi faire le mal en se laissant emporter par le poids de sa propre corruption, & par les méchantes habitudes qu'il a pû contracter.

Mais comme le bien & le mal de cette vie ne font que passer, & qu'ils doivent enfin aboutir à vn bien où à vn mal éternel, il n'y aura plus d'indifférence en l'autre vie; mais la Volonté sera invariablement attachée à ce qu'elle aura choisy en celle-cy. Ainsi les Bien-heureux seront tellement attachez au bien, qu'ils ne pourront plus s'en destourner pour se porter au mal; & les méchans au contraire seront tellement plongez dans le mal, qu'ils seront dans vne malheureuse impuissance de s'en retirer.

La Liberté des Voyageurs s'appelle proprement *Libre arbitre*, ou *Liberté de choix*, parcequ'elle renferme avec soy l'indifférence, & qu'elle sert à l'homme pour choisir entre plusieurs moyens celuy qui luy semble le meilleur & le plus propre pour arriver à sa fin.

La Liberté de l'autre vie s'appelle simplement *Liberté*, ou *Liberté de Volonté*; elle ne nous sert jamais pour faire aucun choix, parceque son effet n'est que de nous porter à la fin, où nous sommes déterminés naturellement, & à l'égard de laquelle nous n'avons point d'indifférence.

La Liberté de choix renfermant l'indifférence, elle exclut toute sorte de necessité antece-

---

Marginal notes:

Nec Deus caret libero arbitrio nec Diabolus, quia quod ille non potest esse malus non facit infirma necessitas, sed firma in bono voluntas, quodque is non valet in bonum respirare, nõ aliena facit violenta oppressio, sed sua ipsius obstinata voluntas ac voluntaria obstinatio. *S. Bern. l. de lib. arb.*

De fine vltimo non est electio, sed voluntas. Habemus ergo respectu ejus liberã voluntatem (cum necessitas naturalis inclinationis libertati non repugnet) non autem liberũ arbitrium propriè loquẽdo, cum non cadat sub electione *S. Th. q. 24. de verit. a. 1.*

dente; car les moyens où elle se porte n'estans que des biens particuliers, la Volonté ne peut estre nécessitée d'en prendre l'vn plustost que l'autre, & il se peut faire mesme qu'elle prendra en aversion celuy qu'elle aymoit peu de temps auparavant; parceque l'esprit le luy representera sous des faces fort différentes.

Mais la Liberté de Volonté portant l'homme à la fin où il est déterminé naturellement, elle peut s'accommoder avec quelque sorte de nécessité : car la fin derniere estant représentée sous l'idée d'vn bien vniversel sans aucun mélange de mal, la Volonté s'y porte nécessairement, & n'en sçauroit concevoir de l'aversion.

Il ne faut pourtant pas entendre cecy de toute sorte de nécessité; Car nous ne prétendons parler que de celle qui nous est douce & agréable, & que nous nous imposons nous mesmes en nous déterminant à vn objet, où nous ne remarquons que du bien & de l'avantage.

Quelquesvns font icy vne question touchant l'indifférence à faire le mal, & ils demandent si pour estre libre à l'esgard du bien, il faut se trouver en estat de pouvoir aussi faire le mal.

Saint Thomas respond que non. Et il n'est pas difficile d'appuyer son sentiment; car, comme il raisonne fort bien, vn défaut & vne imperfection ne peut jamais estre de l'essence d'vne prérogative aussi grande qu'est la Liberté; de mesme qu'il n'est pas de la nature de la faculté motrice de boiter en marchant, ny de l'essence de l'Entendement de

Dicendum quod naturalis necessitas, secundú quam voluntas ex necessitate velle dicitur v.g. foelicitatem, libertati voluntatis non repugnat vt Aug. docet. Libertas enim voluntatis violentiæ vel coactioni opponitur. Non est autem violétia in hoc quod aliquid secundùm ordinem suæ naturæ movetur; vnde voluntas liberè appetit beatitudinem licet necessariò appetat illá, sic etiam & Deus liberè sua voluntate amat seipsú & necessarium est quod tantum amet seipsum quátum bonus est. s. Tò. in q. disput. de potentia. q. 10. a. 1.

Quod intellectus in aliquam conclusionem procedat prætermittendo ordinem principiorú, hoc est ex defectu ipsius : sic quod liberú arbitriú eligat aliquid divertendo ab ordine finis, quod est peccare, hoc

tomber dans quelque erreur en raisonnant. Or la puissance de pécher est vne tres grande imperfection, puisqu'elle suppose que celuy qui s'en sert ne soit pas encore assuré ny affermy dans le bien.

Deplus, on ne peut soustenir que cette indifférence à faire le mal soit essentielle à la volonté, sans dire en mesme temps ou que Dieu, JESUS-CHRIST, & les Bien-heureux ne sont pas libres, ou bien qu'ils ont la puissance de faire le mal ; ce qui enfermeroit vne grande contradiction, & ne se pouroit avancer sans blasphême.

Voicy comme en parle Saint Augustin en respondant à Pélage, qui disoit qu'on n'estoit point libre, si on n'avoit pas la puissance de se porter à des choses opposées, c'est à dire au bien & au mal, *Dieu n'est donc pas libre (dit ce Pere) parcequ'il ne sçauroit vouloir le mal? Est-ce ainsi que vous voulez loüer Dieu, que de luy oster la liberté?*

Et en parlant de Jesus-Christ, *Falloit-il craindre, dit-il, que cét Homme-Dieu avançant en âge se servist de son libre arbitre pour pécher? Estoit-il moins libre pour cela? Mais au contraire n'estoit-il pas d'autant plus libre, qu'il pouvoit moins devenir esclave du péché?*

Enfin il adjoute dans vn autre endroit, que la Liberté des Bien-heureux ne sera en rien diminuée, de ce qu'ils ne prendront point de plaisir dans le péché; Car au contraire ils seront plus libres, en ce qu'ils seront délivrez de ce malheureux plaisir, & que leur plus grand contentement sera de ne plus pouvoir pécher.

On fait encore ordinairement vne question tou-

Marginal notes:

pertinet ad defectum libertatis, vnde maior libertas arbitrii est in Angelis qui peccare non possunt, quàm in hominibus qui peccare possunt. *1. p. q. 62. a. 8.*

Liber non est nisi qui duo velle potest, id est bonum & malum, *inquit Pelagius.* Liber ergo Deus non est quia malum velle nõ potest? siccine Deũ laudas vt ei auferas libertatẽ. *S. Aug. l. 1. Operis imperf.*

Nunquid metuendum fuit ne accedente ætate homo ille libero peccaret arbitrio? An ideo in illo libera voluntas non erat, ac non tanto magis erat, quãto magis peccato servire non poterat? *l. de prædest. ss. c. 15.*

Nec ideo beati liberũ arbitrium nõ habebunt quia peccata eos delectare non poterũt; magis quippe erit liberum à delectatione peccandi vsque ad delectationem nõ peccandi indeclinabilem liberatum. *l. 22. de civit. Dei c. vlt.*

chant la nature de la Liberté, & on demande s'il
est possible de forcer la Volonté.

Surquoy nous ne sçaurions parler clairement,
que nous n'ayons auparavant distingué deux sortes d'actions dans l'homme, dont les vnes sont in-
térieures à la Volonté, & s'appellent *élicites* dans
les Echoles, parceque la Volonté les éxerce par
elle mesme, comme *l'Amour*, *le Desir*, &c. Les autres luy sont extérieures, & s'appellent *commandées*,
parceque la Volonté ne les éxerce que par le moyen
des autres facultez à qui elle commande, çomme
l'action de voir, & de marcher.

Cela posé, il faut dire premierement, que l'on
peut forcer la Volonté dans ses actions extérieures; car il suffit pour cela que l'on puisse faire agir
les autres puissances, sans que la Volonté y con-
sente; Or il est tres facile, par éxemple, de lier
vn homme, & d'empescher qu'il n'aille où il voudroit bien aller; on peut luy mettre vn bandeau
sur les yeux, & empescher qu'il ne voye vne chose qu'il auroit grande envie de voir; on peut aussi
le faire aller en prison, & luy faire voir vn objet
qui ne luy donne que de l'horreur, &c.

Il faut dire en second lieu, que l'on ne peut jamais forcer la Volonté dans ses actions intérieu-
res, car toute force & violence suppose qu'vne
chose résiste & ne contribuë rien à son action : Or
il est impossible que la Volonté ne contribuë poiut
à son action en voulant quelque chose ; & ce seroit tomber dans vne contradiction manifeste,
que de dire que la Volonté ne veut pas agir, sup-

posé qu'elle agisse ; puisque c'est comme si l'on disoit que la Volonté ne veut pas ce qu'elle veut.

Mais quand Dieu (direz vous) répend sa grace, & qu'il convertit les méchans, ne leur fait-il
.pas vouloir tout le contraire de ce qu'ils veulent.
Par éxemple, ne fait-il pas aimer la liberalité à
vn avare, la continence à vn voluptueux, &c. Et
ainsi n'est-il pas vray de dire qu'il force leur Volonté.

Je responds que Dieu ne force pas pour cela la
Volonté, mais seulement que l'ayant changée par
sa grace, il fait qu'elle ayme & qu'elle embrasse
avec joye le bien pour lequel elle n'avoit auparavant que de l'aversion & de l'éloignement. *La grace de Dieu*, dit le Pape Celestin, *n'oste pas le libre
arbitre, mais elle le délivre, en faisant succeder la lumiere aux tenebres, le bien au mal, la prudence à l'imprudence, & la santé aux infirmitez* ; d'où il est facile
de conclure que Dieu ne force point nos Volontez, & qu'il ne nous fait jamais rien vouloir malgré nous.

Auxilio & mu-
nere Dei non au-
fertur liberum
arbitrium, sed li-
beratur, vt de te-
nebroso lucidum,
de pravo rectum,
de imprudente
providum, de lan-
guido sit sanum.
*Epistola ad Episc.
Gallia.*

SECTION TROISIEME.

*Ou il est éxaminé en quelle puissance de l'homme
réside la Liberté.*

LA nature de la Liberté ayant esté expliquée
comme nous venons de faire, il est assez facile de juger qu'elle doit appartenir à la Volonté
plustost qu'à l'Entendement.

Car puifque la Liberté rend l'homme maiftre de fes actions, il faut qu'elle fe rencontre dans la puiffance où réfide le Commandement, & nòn pas dans celle qui ne fait qu'éclairer & que conduire par fes lumiéres : Or c'eft à la feule volonté qu'il appartient de commander, & c'eft elle qui diftribüe les ordres à toutes les autres facultez pour les éxecuter. D'où vient qu'en commandant l'on vfe ordinairement de ces termes, *je veux que vous faffiez cela : tel eft noftre plaifir.*

Deplus, la Liberté eftant ce qui rend nos actions dignes de blafme ou de loüange, il la faut mettre dans la puiffance où fe trouve le mérite, & le péché : Or c'eft dans la Volonté feule, & non pas dans l'Efprit que le péché & le mérite fe rencontrent. Car par éxemple, vne mauvaife penfée ne nous rend pas criminels, & vne bonne n'eft pas capable de nous fauver, à moins que la Volonté n'y donne fon confentement. C'eft auffi pourquoy la Volonté nous fait appeller fimplement bons ou mefchans, à la différence des autres facultez qui ne nous font appeller que bons ou mauuais en certaine maniére. Car en effet fi vn homme fe porte à la Vertu par vne loüable inclination de fa volonté, on dit fimplement qu'il eft bon : mais s'il eft parfait dans les Sçiences, dans l'Eloquence, dans la Peinture &c. on ne dira pas fimplement qu'il eft bon, mais qu'il eft bon Orateur, bon Philofophe, bon Peintre, &c.

Enfin le choix eft la principale action de la Liberté, puifque le libre arbitre s'appelle mefme Liberté

Liberté de choix, comme nous avons remarqué dans le Chapitre précedent: Or le choix est vne action de la Volonté, & non point de l'Entendement: & par conséquent la Liberté n'appartient proprement qu'à la Volonté.

On peut dire neanmoins que l'Entendement est l'origine & la source de la Liberté, parceque la Volonté estant aveugle, elle ne sçauroit se porter qu'aux objets qui luy sont proposez par l'Entendement, & en la maniére qu'ils luy sont proposez. C'est pourquoy s'il n'y avoit point de lumiere dans l'Esprit, il n'y auroit point aussi de Liberté dans la Volonté. *La Liberté*, dit S. Thomas, *appartient à la Volonté comme à son sujet, & à l'Esprit comme a sa source & à sa cause; car l'indifference qu'a la Volonté de se porter tantost à vn objet & tantost à vn autre ne vient que de ce que l'Esprit peut luy réprésenter differamment vne mesme chose.*

Radix libertatis est voluntas sicut subjectum, sed sicut causa est ratio. Ex hoc enim voluntas libere potest ad diversa ferri, quia ratio potest habere diversas conceptiones boni. S. Th. 1. 2. q. 17. 4. 1.

Aprés avoir traité de l'Entendement & de la Volonté, qui sont les premiers principes des actions humaines, nous pourrions adjouster quelque chose de l'Appétit sensuel, dont la cognoissance n'est pas moins vtile dans la Morale, puisque c'est le principe des passions qui naissent dans nostre ame, & qui accompagnent la pluspart de nos actions. Mais parceque tout ce que l'on peut dire de l'Appétit sensuel ne se peut entendre que par la diversité des passions qu'il produit, Nous réserverons ce que nous avons à en dire pour le Traité des passions.

DISSERTATION TROISIEME.

*Des Principes acquis, ou des Habitudes qui sont sur-
adjoutées à nos puissances pour produire les
actions humaines.*

DE mesme que les Principes naturels des
actions humaines sont ceux qui naissent avec
nous, aussi les Principes acquis sont ceux que nous
acquerons depuis nostre naissance, & qui sont sur-
adjoustez à nostre nature, comme sont les bonnes ou les mauvaises habitudes qui concourent
avec les facultez à la production de nos actions.

Mais pour réduire avec quelque méthode tout
ce qui concerne cette matiére, nous traiterons d'a-
bord des habitudes en général, & ensuite nous parlerons de ses especes, qui sont les vices & les vertus.

Pour connoistre parfaitement les habitudes, il
faut éxaminer quelle est leur nature, comment
elles se produisent ou se corrompent, & à quel
vsage elles peuvent servir.

Par le mot d'*Habitude* l'on n'entend autre chose
*qu'vne certaine facilité, qu'a vne puissance naturelle d'é-
xercer ses actions plus promptement qu'à l'ordinaire,* &
dans ce sens il n'est pas difficile de prouver qu'il
y a dans l'homme plusieurs habitudes. Car l'expérience nous fait assez connoistre qu'à force d'agir,
les facultez mesmes spirituelles acquérent vne
bien plus grande facilité de produire leurs actions;
Par éxemple, à force de faire des actions de tempé-

rance ou de charité, la volonté n'y trouve pas tant
de peine ny de résistance, mais elle s'y porte avec
bien plus de facilité.

Il y a des habitudes naturelles, & d'autres qui
sont surnaturelles. On ne dispute point de l'origine
des surnaturelles, parcequ'il est assez clair qu'elles
ne sont toutes produites dans nos ames que par la
bonté & par la miséricorde de Dieu ; comme par
exemple, la Foy, l'Espérance, & la Charité. Mais il
y a quelque difficulté touchant les habitudes naturelles, & l'on demande comment elles se produisent, & se perdent.

Pour respondre à ces questions, il faut dire en
premier lieu avec tous les Philosophes, que nous
les acquérons en réiterant souvent des actions semblables. Et cela se prouve, parcequ'vne puissance
ne sçauroit acquerir vne nouvelle habitude pour
faire quelque chose avec grande facilité, si ce n'est
ou par elle mesme, ou par les actions qu'elle éxerce-
ce : Or comme elle est d'elle mesme indifférente
à éxercer des actions toutes contraires, elle ne
peut pas toute seule se déterminer aux vnes plustost qu'aux autres pour les faire plus facilement : &
parconséquent il faut qu'elle y soit déterminée
par des actions semblables qu'elle réitére souvent.
Par éxemple l'Appétit sensuel estant de soy mesme
indifférent à éxercer des actions de tempérance ou
d'intempérance, il ne sera jamais déterminé par
soy même à faire les vnes plus facilement que les
autres ; Mais à force de réitérer souvent celles de
la tempérance, il s'y déterminera, & en acquérera

l'habitude. C'est aussi pourquoy ces actions de tempérance ne produiront qu'vne habitude qui leur sera semblable, à sçavoir l'habitude de tempérance, & non point de justice ou de force, &c.

Il faut dire en second lieu, que les habitudes se destruisent & se perdent en deux maniéres, à sçavoir positivement, & négativement.

Elles se destruisent positivement par d'autres habitudes opposées, & par des actions contraires; ainsi des actions injustes & vitieuses destruisent l'habitude de justice & de vertu; parceque deux formes contraires ne peuvent non plus subsister ensemble dans l'ame, que le froid & le chaud dans le mesme sujet.

Les habitudes se destruisent négativement, quand on leur oste ce qui les devroit conserver. C'est pourquoy comme elles ne se conservent que par des actions semblables à celles qui les ont produites, il faut dire que la seule interruption de ces actions suffit pour les destruire. Et la raison en est, parcequ'en cessant d'agir conformément aux habitudes que l'on a contractées, l'on vient insensiblement à faire des actions contraires qui les destruisent: ainsi en cessant de faire des actions de tempérance, la tentation nous fait tomber peu à peu dans l'intempérance; ce qui a fait dire que de ne s'avancer pas dans la vertu, c'estoit s'en esloigner.

DISSERTATION QUATRIEME.

Des Vertus morales en général.

LES Vertus morales sont de bonnes habitudes qui aydent & qui portent l'homme à faire des actions bonnes & convenables à la raison,

Quelques Philosophes ont cru qu'elles estoient naturelles à l'homme. Mais il faut bien prendre garde que l'équivoque ne nous fasse icy tomber dans l'erreur. Car ils ont eu raison, s'ils ont entendu par le mot de *Naturel*, ce qui convient à sa nature, & qui est selon son inclination, puisque la Vertu sert extremement à orner & à embellir son ame : & au contraire ils se sont trompez, s'ils ont entendu par ce mot ce que l'homme apporte en naissant, & ce qui luy est propre, comme la chaleur l'est au feu, puisque la Vertu est vne habitude qui ne s'acquiert que par quelques bonnes actions souvent réïterées, ou bien qui est suradjoûtée à nos puissances par la bonté de Dieu, si elle est infuse.

Cela s'entendra beaucoup mieux, quand nous aurons expliqué quelques questions principalles que l'on fait ordinairement sur les Vertus, pour découvrir leur Nature, leurs Principes, & leurs Effets. C'est ce que nous allons faire dans les Chapitres suivans.

CHAPITRE PREMIER.

Des Définitions de la Vertu.

ON pourroit rapporter plusieurs définitions que les Philosophes & les Theologiens donnent de la Vertu ; mais ce sera assez d'en expliquer icy deux principalles, & qui renferment toutes les autres.

La premiere est tirée d'Aristote, qui dit que la Vertu est *vne habitude de choix qui consiste dans vne certaine médiocrité, qu'vn homme sage se prescrit à soy mesme*, où nous pouvons remarquer trois choses.

Virtus est habitus electivus positus in ea mediocritate quam vir sapiens sibi præscripserit.

1. Que la Vertu est appellée vne habitude de choix ; parcequ'elle porte l'homme & le détermine à choisir le bien qui est honneste & convenable à vne créature raisonnable,

2. Que la Vertu consiste dans vne médiocrité, qui la fait distinguer des vices, par lesquels on se porte aux extrémitez. Par éxemple l'avarice, & la prodigalité sont deux extrémitez au milieu desquelles se rencontre la liberalité.

3. Que cette médiocrité n'est pas vne chose qui soit fixe & déterminée d'elle mesme ; mais qu'il faut qu'vn homme sage se la prescrive, & qu'il en juge suivant les regles de la prudence ; Car la médiocrité, par éxemple, qui suffiroit pour rendre vn marchand libéral, seroit au dessous d'vn Prince, & le feroit passer pour avare.

La seconde définition de la Vertu est celle que

donne Saint Augustin, lorsqu'il dit que c'est *vne bonne qualité de l'ame, qui nous sert à bien vivre, dont on ne fait point de mauvais vsage ; & que Dieu seul nous communique, sans que nous y contribuions de nostre propre travail,* où Saint Thomas nous fait remarquer plusieurs choses.

1. Que Saint Augustin appelle la Vertu vne bonne qualité, pour nous marquer en quoy elle convient, & en quoy elle diffère du vice, qui est vne mauvaise qualité.

2. Il dit que c'est vne qualité de l'ame, pour nous donner à entendre que le sujet, où elle réside n'est pas le corps, mais l'esprit.

3. Il explique assez quelle est la fin de la Vertu, lorsqu'il dit qu'elle nous sert à bien vivre.

4. Il découvre la cause & le principe de la véritable Vertu, c'est à dire de celle qui est infuse, en disant que c'est Dieu seul qui nous la donne, & non pas nostre propre travail. Mais pour bien pénétrer sa pensée, il faut sçavoir la différence qu'il y a entre les Vertus infuses, & celles qui sont acquises ; c'estpourquoy nous en parlerons dans le Chapitre suivant.

5. Enfin, il adjouste qu'on ne fait jamais vn mauvais vsage de la Vertu, & ainsi qu'elle tient le premier rang parmy les biens, pateque selon ce Pere, il y a trois sortes de biens, *Les vns, dit-il, sont les premiers & au dessus de tous les autres ; parceque l'on s'en sert tousjours pour bien vivre, & jamais pour mal vivre, & ce sont les Vertus. D'autres tiennent le milieu, parcequ'on ne sçauroit bien vivre sans eux, quoy qu'on*

...tutes. Alia media
fine quibus non
recte vivitur, sed
eam quibus etiam
malè vivitur qua-
les sunt potentiæ
naturales vt intel-
lectus & voluntas.
Alia denique in-
fima, sine qui-
bus, rectè vivi-
tur quia non sunt
ad rectè vivendũ
necessaria, quales
sunt divitiæ, alia-
que bona externa
S. August.

*puisse aussi mal vivre avec eux, & ce sont les facultez
naturelles, comme l'Entendement, la Volonté, &c. Enfin
il y a des biens qui sont les derniers & au dessous de tous
les autres, parcequ'on peut bien vivre sans les avoir, &
ce sont les biens exterieurs, comme les richesses, les honneurs, &c.*

Il y a cette différence entre ces biens, que l'on peut
souvent faire vn mauvais vsage des seconds & des
derniers, au lieu qu'il est impossible d'abuser des
premiers, c'est à dire des Vertus, parcequ'elles font
meilleurs tous ceux qui les possedent.

Mais n'abuse t'on pas (me direz vous) de la Vertu, ne s'en sert-on pas quelquesfois pour pécher,
comme font ceux qui donnent l'aumosne par vn
motif de vaine gloire?

Je responds qu'il ne faut pas inférer de là que la
Vertu puisse nous servir quelquesfois à faire le
mal & nous porter à pratiquer des actions mauvaises; car dans l'exemple qu'on nous rapporte, il
est bien vray de dire que c'est la Vertu de charité
qui est l'objet dont on prétend se glorifier: mais
cette Vertu ne peut jamais passer pour le premier
principe & pour la cause de la vaine gloire qui s'y
rencontre, parceque ce n'est que le vice de l'or-
gueüil qui la produit.

Deplus, comme nous avons desja remarqué,
quand Saint Augustin dit qu'on ne peut jamais se
servir de la Vertu pour faire le mal, il ne parle que
des Vertus infuses, c'est à dire de celles qui font
accompagnées de la grace & de la charité, & non
pas de celles qui sont acquises par vn effort purement

ment humain, & dont tout le motif n'est ordinairement qu'vn amour propre. Car quoyque les
Payens puissent abuser facilement des Vertus acquises, neanmoins les Chrestiens ne sçauroient
abuser de celles qui leur sont infuses, parceque
comme dit Saint Augustin, *Quand on a la charité
& l'amour du Créateur, on se sert tousjours fort bien de
toutes choses, mesme des Créatures: Mais quand on n'a
point cét Amour du Créateur, on ne sçauroit jamais faire
vn bon vsage des Créatures.* C'est ce que nous allons
faire voir encore plus clairement dans la suite.

Amor Dei, quo pervenitur ad Deum, non est nisi à Deo Patre per Iesum Christum cum Spiritu sancto. Per hunc amorem creatoris bene quisque vtitur etiam creaturis. Sine hoc amore creatoris nullus bene vtitur creaturis. l. 4. contra Iul. c. 4.

CHAPITRE SECOND.

*De la Différence des Vertus acquises & infuses, où
il est éxaminé, si l'on en peut quelquefois abuser.*

POUR bien entendre la différence qui se rencontre entre les Vertus, il faut remarquer
qu'il y en a dont l'homme n'est redevable qu'à ses
propres actions, comme est par éxemple l'habitude de tempérance, qu'vn Payen s'est acquise à force de jeusner souvent: & d'autres dont l'homme
est entiérement redevable à la miséricorde de Dieu,
qui les produit secretement dans l'ame, sans qu'elle
y contribuë; comme est par éxemple la tempérance que l'on remarque toutàcoup dans vn desbau-
ché, lorsqu'il se convertit véritablement à Dieu.
Les premieres Vertus s'appellent *acquises*, & les
dernieres *infuses*.

Les Vertus acquises ne venans que du fonds de

l'homme, elles ne peuvent le faire agir que pour
vne fin toute humaine & temporelle : mais les
Vertus infuſes luy eſtans données par vne grace
particuliere de Dieu, elles l'élevent au deſſus de
la nature, & le font tendre à vne fin ſurnaturelle.

Toute la queſtion n'eſt que de ſçavoir ſi les
actions des Vertus acquiſes ſont auſſi néceſſairement bonnes que celles des Vertus infuſes, & ſi
l'homme n'en peut abuſer en les rapportant à vne
mauvaiſe fin.

Mais avant que de rien déterminer ſur ce ſujet,
il faut remarquer en premier lieu, qu'on peut conſidérer deux choſes dans vne Vertu, à ſçavoir
l'objet ou la choſe qu'elle nous fait faire, & le *motif*
ou la fin à laquelle nous la rapportons; par éxemple dans l'aumoſne, on y peut conſidérer l'objet
qu'elle ſe propoſe, qui eſt de donner de l'argent à
vn pauvre, & l'intention que nous avons en la
faiſant, comme de nous rendre agréables à Dieu,
ou de plaire aux hommes, & s'acquerir la réputation d'eſtre liberaux.

Il faut remarquer en ſecond lieu, que noſtre
motif n'eſt jamais bon, ſi ce n'eſt Dieu qui ſoit
noſtre fin derniere, parcequ'il n'eſt jamais permis
de ſe repoſer dans les Créatures. Et pour ce qui eſt
de l'objet, il ne paſſe point pour bon & pour convenable à la raiſon, que quand il eſt de ſoy meſme capable d'eſtre rapporté à la gloire de Dieu; par
éxemple l'objet de l'aumoſne eſt fort bon, parcequ'il eſt de ſoy meſme capable d'eſtre rapporté à
Dieu : & au contraire l'objet du menſonge eſt

res mauvais, parcequ'il n'y peut estre rapporté.

Cela posé, je dis premiérement que les Vertus infuses sont si essentiellement bonnes, qu'elles ne peuvent jamais estre mauvaises. Car elles portent l'homme à faire vne chose qui est tousjours bonne en soy mesme, & elles luy font aussi rapporter à vne bonne fin, à sçavoir à la gloire de Dieu, puisqu'il est impossible que la charité qui les accompagne y souffre aucune impureté. C'est pourquoy nous avons desja dit cy-dessus que suivant la pensée de Saint Augustin personne ne pouvoit abuser de ces Vertus.

Ideo virtute nemo male vtitur, quia opus virtutis est bonus vsus istorum quibus etiam non bene vti possumus. S. Aug. l. 2. de lib. arb. cap. 19.

Pour ce qui est des Vertus acquises, si l'on n'y considére que l'objet, il faut dire qu'elles sont tousjours bonnes; parceque cét objet est bon, & que de sa nature il peut estre rapporté à la gloire de Dieu. Mais si on éxamine le motif & la fin pour laquelle on les éxerce, nous devons dire qu'elles sont tousjours défectueuses, & que celuy qui les possede, en abuse en les rapportant à vne mauvaise fin.

Cecy se prouve, parcequ'vne action ne passe jamais pour bonne en matiére de Morale, si elle n'est accompagnée de toutes les perfections qui luy sont deües & nécessaires; car le moindre défaut suffit pour la rendre mauvaise : Or les actions des Vertus acquises n'ont jamais toutes les perfections qu'elles devroient avoir, puisqu'elles manquent mesme de la principalle qui est vne bonne fin; car il n'y a que Dieu seul qui doive estre la derniere fin de toutes nos actions, comme nous l'avons

Bonum ex integra causa, malum ex minimo defectu. S. Dionys.

prouvé cy-deſſùs. C'eſtpourquoy commeil eſt impoſſible de ſe propoſer cette fin ſurnaturelle, ſans
eſtre aydé de la grace & de la charité, il ne faut
pas s'eſtonner ſi les Vertus acquiſes, qui ne ſont
ſouſtenües que de la nature, ont tousjours quelque défaut conſidérable.

Comme donc il ne ſuffit pas, pour pouvoir dire
qu'vn voyageur va droit à Rome, qu'il ſe trouve
dans vn chemin qui pourroit l'y conduire, mais
qu'il faut encore qu'il chemine effectivement, &
qu'il s'avance du coſté de Rome. Tout de meſme
ce n'eſt pas aſſez pour pouvoir ſouſtenir qu'vne
action eſt parfaite, qu'elle ſoit capable de ſa nature
d'eſtre rapportée à vne bonne fin : mais il faut encore qu'elle y ſoit effectivement rapportée par celuy qui l'éxerce ; ou autrement c'eſt vne bonne a-
ction qui ſe fait mal.

Mais ne peut-on pas, me direz vous, ſe propoſer naturellement pour fin derniére, la ſeule honneſteté qui ſe rencontre dans vne action ? par é-
xemple vn homme ne peut-il pas éxercer des actions
de tempérance, parcequ'elles luy paroiſſent hon-
neſtes & bienſéantes. Or dans cette ſuppoſition
il n'y a guéres d'apparence de dire qu'il ſe propoſe
vne mauvaiſe fin, quoyqu'il ne ſonge pas à Dieu :
& par conſéquent la Vertu acquiſe peut ſuffire pour
tendre à vne bonne fin.

Je reſponds que cét homme ne peut conſidérer
l'honneſteté de ſon action qu'en trois maniéres,
à ſçavoir ou comme vne choſe qui plaiſt à Dieu,

ou comme vne fin qui luy eſt vtile , ou enfin comme vne choſe qui eſt bonne & parfaite en elle meſme, ſans qu'elle ſoit rapportée ny à la gloire de Dieu ny à ſon propre interreſt. S'il ſe propoſe l'honneſteté de ſon action comme vne choſe agréable à Dieu , il faut dire qu'il agit par vn principe de charité , & ainſi que ſon action eſt trés bonne. Mais s'il n'a en veuë que de plaire â ſoy meſme , & s'il ne conſidére que ſon propre interreſt , ſon action part d'vn principe de cupidité & d'amour propre, qui ne peut eſtre que blaſmable. Enfin s'il recherche l'honneſteté ſeulement pour elle meſme , il ſe repoſe dans vne autre fin derniére que dans Dieu; & parconſéquent ſon action n'eſt pas toutafait éxempte de cupidité. Car comme dit Saint Auguſtin, *la charité eſt vn mouvement de l'ame qui nous fait aymer Dieu pour luy meſme, & toutes les autres choſes pour l'amour de luy: comme au contraire la cupidité eſt vn mouvement qui porte l'homme à s'aymer ſoy meſme, ou le prochain, ou quelqu'autre choſe corporelle ſans rapport à Dieu.*

Mais parceque cette doctrine a pluſieurs ſuites de tres grande importance , il ſera bon de nous y arreſter vn peu davantage , & pour vn plus grand éclairciſſement d'éxaminer s'il n'y a point de véritables Vertus ſans la charité , & ſi les Vertus des Payens n'avoient qu'vne fauſſe apparence de bonté , comme l'enſeignent formellement Saint Auguſtin, & Saint Thomas. C'eſt ce que nous allons voir dans le Chapitre ſuivant.

CHAPITRE TROISIEME.

*Où il est examiné si l'on peut avoir de véritables Vertus
sans la charité.*

CE que nous venons de dire dans les Chapitres précedens, monstre assez que nous devons estre dans ce sentiment, qu'il n'y a point de
véritables Vertus sans la charité. Mais parceque
cette vérité est vn des principaux fondemens de
nostre Réligion, il est bon de ramasser icy plusieurs
preuves pour l'appuyer.

La premiere sera tirée de l'Ecriture Sainte. *Quand
je distribüerois toutes mes richesses*, dit l'Apostre, *pour
subvenir à la nécessité des pauvres : quand mesme je sacri-
firois jusqu'à mon propre corps, & que je me jetterois
dans vn feu ardent : si je n'ay pas la charité, tout cela
m'est inutile, & ne me sert de rien.* Or il seroit absurde
de dire qu'vne véritable Vertu peut estre inutile,
aprés ce que le Sage en dit, lorsqu'il la préfere à
tous les biens que l'homme peut recevoir, & qu'il
assure qu'il n'y a rien de plus vtile dans la vie humaine.

2. La véritable Vertu, selon Saint Augustin, sert à faire vivre nostre ame en luy faisant
pratiquer de bonnes actions. Or comme dit Saint
Jean, vne ame qui est dépourveüe de la charité
demeure tousjours dans la mort, & ne doit point
passer pour vivante : & par conséquent il n'y a point
de véritables Vertus sans la charité.

Si distribüero in
cibos pauperum
omnes facultates
meas, & si tradi-
dero corpus meũ
ita vt ardeat, cha-
ritatem autem nõ
habeam, nihil mi-
hi prodest. 1. Cor.
cap. 13.

Sobrietatem &
justitiam docet,
prudentiã & vir-
tutem, quibus in
vita nihil est vti-
lius hominibus.
Sap 8.

Virtus quâ rectè
vivitur.

Qui non diligit
manet in morte.
1. Ioan. 3.

3. Les Peres de l'Eglise se déclarent assez ouvertement sur cette matiére, lorsqu'ils enseignent aprés Saint Paul, qu'à proprement parler il n'y a qu'vne Vertu, à sçavoir la charité, qui comprend & renferme en elle mesme toutes les autres ; d'où vient que Saint Augustin définit la Vertu *vne charité qui fait aimer ce qui est véritablement aymable.*

Saint Grégoire dit que tous les Commandemens de Dieu n'en font qu'vn, & qu'encore qu'il y ayt plusieurs préceptes quant à la diversité des actions, ils ne sont pourtant tous qu'vn mesme dans la racine de la dilection.

Saint Augustin soustient que toutes les Vertus ne sont qu'vn amour du souverain bien, c'est à dire de Dieu ; & que leur distinction ne vient que de la différente maniére de considérer cet amour. Car *la tempérance, dit-il, est vn amour qui se conserve pur pour ce qu'elle ayme. La force est vn amour qui souffre tout sans peine pour l'objet qu'elle chérit. La Iustice est vn amour qui ne sert qu'à ce qu'elle affectionne, & qui pour cela ne commande que fort apropos. Enfin la Prudence est vn amour qui discerne avec adresse ce qui l'empesche d'agir d'avec ce qui ayde son action. Mais nous n'entendons pas parler,* adjouste ce Pere, *de toute sorte d'amour, mais seulement du véritable amour de Dieu, c'est à dire de l'amour du souverain bien, de la souveraine sagesse, & de la souveraine concorde.*

La raison s'accorde fort bien avec l'authorité, car comme nous avons desja dit dans la premiere partie, & comme nous le prouverons encore plus bas en examinant s'il y a des actions indifférentes,

l'homme est obligé de rapporter toutes ses actions
à Dieu comme à sa derniere fin , & l'on ne peut
excuser d'ingratitude ny de desobeïssance celuy qui
se repose dans l'amour de quelque créature : Or ce
n'est que par le moyen de la charité que l'homme
se dégage des créatures, & que sa volonté se porte
directement à Dieu comme à sa derniére fin ; &
parconséquent il ne faut point reconnoistre de véritable Vertu, où la charité ne se rencontre pas.

Mais si cela est ainsi, dira quelqu'vn, quel sentiment faut-il avoir des Vertus des Payens. Faut-
il croire que toutes leurs actions estoient mauvaises, & que c'estoient autant de péchez , parcequ'ils
les faisoient sans la charité , & que la lumiére de
la Foy ne leur faisoit pas connoistre la fin où ils les
devoient rapporter ?

Affin de ne rien avancer de nous mesmes sur
vne matiére si délicate, nous nous contenterons
de rapporter icy le sentiment des Peres, & de faire
voir qu'elle estime ils ont fait des Vertus les plus
éclatantes que quelques Payens faisoient gloire de
pratiquer. Et pour cela nous dirons en premier
lieu avec Saint Augustin, que les anciens Philosophes n'ont pas seulement connu les véritables
Vertus. Car comme il remarque en divers endrois,
les Epicuriens nous les ont réprésentées comme les
servantes de la volupté, puisqu'ils ne les faisoient
agir qu'ou pour l'acquerir ou pour la conserver: Or
la véritable Vertu n'est pas si lasche que de faire
toutes ses actions pour la volupté, & elle ne sçauroit jamais s'assujettir que pour servir à celuy que
                                                    nous

Epicurus virtu-
tes induxit volup-
tatis ancillas : ab-
sit autem vt ve-
ræ virtutes cui-
quam serviant ni
si illi vel prop-
ter illum cui dici-
mus, Deus virtu-
rum cõverte nos.
l. 4. contra Iul.
c. 3.

nous devons invoquer, comme en estant l'autheur
& le premier principe.

Les Stoïciens ont dit que la Vertu estoit contente d'elle mesme, qu'elle n'avoit besoin de rien,
& qu'elle estoit à elle mesme sa recompense. Mais
comme dit fort bien ce Pere, *La Vertu qui ne regarde qu'elle mesme, & qui ne se rapporte pas à vne autre fin, est superbe & orgueilleuse, & doit plustost passer
pour vn vice, que pour vne Vertu.*

Les Pytagoriciens, & les Platoniciens sont ceux
qui ont le plus approché de la nature de la véritable Vertu. Car ils disoient qu'elle devoit venir de
Dieu & estre imprimée dans nos ames par la forme
éternelle de cette substance immuable. Mais on
peut dire qu'ils ne la connoissent pas encore comme il faut, & que c'estoit plustost par le faste de la
science, que par vne pieuse affection de cœur qu'ils
s'approchoient de Dieu. D'où vient que l'Apostre
les reprend de n'avoir pas glorifié Dieu aprés l'avoir
connu, & Saint Augustin leur reproche d'avoir
eu les mesmes Temples que les peuples, quoy qu'ils
n'eussent pas les mesmes sentimens que luy touchant la divinité.

Il faut dire en second lieu, que tous les Payens
n'ont jamais eu de véritables Vertus, & que toutes leurs actions pour bonnes qu'elles parussent ne
laissoient pas d'estre tousjours défectueuses.

C'est ce que nous enseigne Saint Paul dans l'Epitre aux Romains, où il dit expressément que
*tout ce qui se fait sans la lumiére de la Foy, doit passer
pour péché.* Et la glose ordinaire sur ce passage, dit

Vbi deest agnitio veritatis, falsa est virtus etiã in bonis moribus gloss. ordin.

Voluntas sine charitate tota vitiosa cupiditas est. Sicut in charitate nihil vnquã mali, ita in cupiditate nihil vnquã boni poterit inueniri. Sermon. 43. de tép.

Sine fide impossibile est placere Deo. Hebr. c. 11.

Absit vt sit mala quæ vera virtus, nisi fuerit justus: absit autem vt sit justus verè, nisi vivat ex fide, justus enim ex fide vivit, & per hoc Christus gratis mortuus est, si homines sine fide Christi ad virtutem veram, ad justitiã verã, ad sapientiã verã quacunq, re aliâ qua cunque ratione perveniunt, &c. l. 4. contra Iul. cap. 3.

Omne etenim probitatis opus nisi semine veræ vxoritur fidei, peccatũ est, atque totum vertitur, & sterilis cumulat sibi glo-

que *si l'on n'est pas parvenu à la connoissance de la premiere vérité (ce qui appartient proprement à la Foy) ce ne sont pas de véritables Vertus que l'on pratique, lors mesme qu'on semble faire de bonnes œuvres.*

Cette vérité se peut encore prouver par trois belles raisons tirées de Saint Augustin.

1. Le principe d'où procedoient toutes les actions des Payens ne valoit rien. Car la volonté sans la charité, du moins imparfaite, n'est rien qu'vne cupidité vitieuse & criminelle : Or comme vn mauvais arbre ne sçauroit jamais produire de bons fruits, aussi vne volonté toute corrompuë ne peut former des actions vertueuses.

2. La fin que les Payens se proposoient dans leurs actions n'estoit pas le souverain bien, puisqu'ils ne le connoissent pas comme il faut, & qu'ils n'avoient pas la foy qui le fait connoistre, & sans laquelle selon l'Apostre, il est impossible de plaire à Dieu. C'est pourquoy Saint Augustin dit *qu'il n'y peut avoir de véritable Vertu, où il n'y a point de justice, & que la justice ne sçauroit estre sans la foy, puisque c'est la foy qui fait vivre l'homme juste ;* Et il adjouste que c'est rendre inutile la mort & passion de JESUS-CHRIST, que de prétendre que l'on puisse avoir vne véritable Vertu, vne véritable Justice, & vne véritable sagesse sans la foy du mesme Jesus-Christ.

C'est aussi ce que Saint Prosper a exprimé d'vne maniére aussi forte qu'elle est agréable dans le Poëme qu'il a fait contre les ingrats, lorsqu'il dit que toutes les actions de Vertu qui n'ont pas la

foy pour principe font autant de péchez, & que
toute la gloire apparente qu'ont ceux qui les pratiquent ne fert qu'à les rendre plus coupables, &
à augmenter les peines qu'ils fouffriront dans l'autre vie.

3. Ces Payens rapportoient toutes leurs actions à
eux mefmes par vn fafte & vn orgueuil infuporta-
ble; d'où vient que l'Apoftre dit qu'ils fe font éva-
nouis dans leurs penfées, & qu'ils font devenus
fous & infenfez dans la préfomption qu'ils avoient
d'vne vaine fageffe, au lieu que comme dit Saint
Auguftin, *les véritables Vertus ne s'arreftent pas à
elles mefmes, mais elles rendent fervice à Dieu dans les
hommes, par qui feul elles font données aux hommes.*

On peut objecter en premier lieu, que cette doctrine femble bien fevere, & qu'il eft bien rude de
faire paffer pour des péchez plufieurs actions qui
eftoient fort conformes à la raifon, & qui ne mé-
ritoient ce femble que des loüanges; Par éxemple,
dirat'on que les Payens péchoient en rendant à
chacun ce qui luy appartenoit, en rejettant les
plaifirs illicites, & en expofant leur vie pour le fecours de la patrie?

Pour adoucir vn peu cette doctrine, & pour expliquer davantage ce qui furprend d'abord, nous
remarquerons qu'il faut bien diftinguer dans vne
action l'œuvre ou la chofe qui fe fait d'avec l'a-
ction mefme par laquelle on la fait. L'œuvre fe
prend pour la chofe en elle mefme, fans avoir ef-
gard à celuy qui la fait; & l'action eft la mefme
chofe confidérée par rapport à celuy qui la fait.

ria pœnam. *S.
Profper. Carm. de
ingratis.*

Virtutem gentiũ
mundana cupidi-
tas, virtutẽ Chri-
ftianorum chari-
tas facit, quæ dif-
fufa eft in cordi-
busnoftris. *Concil.
Arauſic. c. 7.*
Evanuerunt in
cogitationibus
fuis, &c.

Virtutes quæ
nulli rei fervire
volunt nec ipfæ
veræ funt; veræ
quippe virtutes
Deo ferviunt in
hominibus à quo
dantur homini-
bus. *Aug. l. 4.
contra Iul. c. 3.*

Dans l'œuvre on n'y confidére fimplement que
l'objet ; & dans l'action on y confidére & l'objet & la
fin que fe propofe celuy qui agit ; ainfi faut-il dire
que celuy qui donne l'aumofne pour fe faire efti-
mer des hommes, & afin de paffer pour libéral,
fait mal vne bonne chofe ; c'eft à dire qu'il fait vne
bonne œuvre, & vne mauvaife action en mefme
temps ; fon œuvre eft bonne, parceque l'objet de
l'aumofne, qui eft de donner quelque chofe pour le
foulagemét du pauvre eft tres bon ; mais l'action eft
mauvaife, parceque la vaine gloire qui en eft la fin,
eft contraire à la loy de Dieu. Or, comme remarque
Saint Auguftin, quand il s'agit d'éxaminer fi vne
action eft bonne ou mauvaife, fi elle eft vertueufe
ou vitieufe, il ne faut pas tant s'arrefter à l'objet
comme à la fin. C'eft pourquoy comme les Payens
n'ont pas eu vne pure intention de plaire à Dieu,
puifque felon l'Apoftre c'eft vne chofe impoffible
fans la foy ; il faut dire que toutes leurs actions,
quelque apparence qu'elles euffent de Vertu à
caufe de l'objet qui eftoit tres bon, ne valloient
pourtant rien dans le fonds, parcequ'ils ne les fai-
foient pas comme on eft obligé de les faire, c'eft à
dire qu'ils ne s'y propofoient pas vne bonne fin.
Or quelque bonne œuvre que faffe vn homme, s'il
ne la fait pas pour la fin qu'il eft obligé de fe propofer, nonobftant toute la belle apparence de bien
qui s'y rencontre à caufe de l'objet, l'action ne laiffe
pas d'eftre effectivement vn péché, pour cela feulement que la fin n'en eft pas bonne, fuivant ce que
dit l'Apoftre, que *toute action faite fans foy, eft vn péché.*

Mais quoy (disoit Julien à Saint Augustin) si vn
Payen habille vn pauvre qui meurt de froid, s'il
secoure ceux qui sont dans le péril, s'il panse les
malades, s'il n'employe ses richesses que pour entretenir vne amitié honneste, si les supplices & les
tourmens ne peuvent le porter à rendre vn faux
témoignage contre son prochain, faut-il dire que
toutes ces actions sont autant de péchez, pour cela
seulement qu'elles se font sans la foy?

*Ouy certes, respond Saint Augustin, ces actions sont
effectivement des péchez, en tant qu'elles ne sont pas accompagnées de la foy, non pas que ces œuvres en elles
mesmes, comme par exemple, d'habiller vn pauvre, soient
des péchez : mais à moins que d'estre impie, on ne sçauroit nier que ce ne soit pécher que de ne pas rapporter ces
bonnes œuvres à la gloire de Dieu.*

On objecte en second lieu, que si les Infideles
péchoient en ne rapportant pas leurs actions à
Dieu, il vaudroit autant qu'ils s'abandonnassent à
toutes sortes de vices, comme qu'ils pratiquassent
des actions de Vertu; & qu'il s'ensuivroit que la
vie par exemple de Catilina n'auroit pas esté plus
detestable que celle de Fabrice, dont les actions
vertueuses méritérent le respect & l'admiration de
tous ceux de son temps.

Saint Augustin répond en peu de mots, *que Fabrice sera bien moins puny en l'autre monde que Catilina,
non pas que Fabrice ayt esté vn homme de bien, & Catilina vn meschant, mais parceque Fabrice n'estoit pas si
meschant & si corrompu que Catilina, non pas en possedant
de véritables Vertus, mais en ne s'en esloignant pas tant*
que luy

*Si gentilis nu-
dum operuerit, pe
riclitanté, libera-
uerit, ægri vulnera
foverit, divitias
honestæ amicitiæ
impéderit, ad te-
stimoniū nec po-
tuerit tormentis
impelli, nunquid
quia non est ex fi-
de, peccatum est?*

*Prorsus in quan-
tum non est ex fi-
de peccatum est,
non quia perseip-
sum factum, quod
est operire nudū,
peccatum est, sed
de tali opere non
in Domino glo-
riari solus impius
negat esse pecca-
tum. lib. contra
Iul.*

*Fabricius minus
punietur quam
Catilina, nō quia
fuerit bonus, sed
quia fuerit minus
malus, non veras
virtutes habendo,
sed a veris virtu-
tibus non pluri-
mùm deviando.*

On peut 'encore objecter ce qui est rapporté dans les Actes des Apostres de ce fameux Centurion, qui quoyqu'infidelle ne laissa pas de faire des priéres qui furent agréables à Dieu, & qui furent en effet éxaucées, puisque Dieu luy envoya Saint Pierre pour l'instruire pleinement des Mysteres de nostre Réligion.

Mais Saint Thomas répond que ce Centurion avoit desja vne foy commencée, quoyqu'elle ne fust pas encore parfaite & accomplie, comme elle le devint aprés les instructions de Saint Pierre; & & ainsi qu'il ne faut pas s'estonner si ses prieres furent agréables à Dieu; Car comme dit Saint Augustin, quoyque le Saint Esprit n'eust pas encore estably vne ferme demeure dans son ame, il commençoit pourtant de fraper desja à la porte de son cœur, & de luy inspirer des mouvemens de conversion.

Il ne faut donc pas dire absolument que toutes les actions des Infidelles sont des péchez, & qu'il n'y en a point de bonnes sans la perfection de la charité, & de la foy. Car quand vn Infidelle se veut convertir, lorsqu'il cherche vn Docteur de l'Eglise pour s'instruire du Christianisme, lorsqu'il prend goust aux véritez de nostre Réligion, & qu'il fait d'autres actions qui le disposent à sa conversion, il faut avoüer qu'elles sont toutes bonnes & méritoires: mais aussi on ne peut pas nier qu'il n'ayt desja dans cet estat quelques foibles lumiéres de la foy, & vne charité au moins imparfaite; car comme dit l'Apostre, *nous ne sçaurions avoir la moin-*

dre bonne penſee, que Dieu ne nous l'inſpire par ſa miſe- *ricorde.*   ſed omnis ſuffi-
ciencia noſtra ex
Deo eſt. Cor. 3.

Toutes ces véritez ſe confirmeront encore davantage, quand nous aurons prouvé dans la Diſſertation ſixiéme qu'il n'y a point d'actions indifférentes, & que l'homme eſt tenu de les rapporter toutes à Dieu par vn motif de charité.

CHAPITRE QUATRIEME.

Du milieu des Vertus.

LA pluſpart des Philoſophes enſeignent que les Vertus morales ſont comme dans le milieu, & placées entre deux vices; par éxemple, la liberalité entre l'avarice & la prodigalité, la force entre la laſcheté & la témérité; d'où il s'enſuit qu'il y avne fois autant de vices que de vertus.

Quelques vns veulent combatre ce ſentiment, & diſent que chaque Vertu a ſon vice particulier à deſtruire, par éxemple dans la diſtribution des biens ils veulent que la libéralité qui donne ce que la raiſon preſcrit, ayt à combatre l'avarice qui rétient ce qui doit eſtre diſtribué; & que l'eſpargne qui empeſche que l'on ne donne plus qu'il n'eſt raiſonnable, ayt à combatre la prodigalité qui donne ce qu'il faudroit retenir; d'où il s'enſuit qu'il y a autant de Vertus que de vices.

Mais premierement, quand la liberalité & l'eſpargne ſeroient deux Vertus diſtinguées, & que chacune auroit ſon vice oppoſé, cela n'empeſche-

roit pas qu'on ne puſt dire qu'elle eſt véritablement dans le milieu, & entre deux vices, par éxemple la libéralité entre l'avarice & la prodigalité, la
valeur entre la laſcheté & la témérité; de meſme
que chaque nombre pair eſt entre deux impairs,
quoyqu'il y ayt autant de nombres impairs, que
de pairs.

Secondement, la libéralité & la frugalité ſont
deux noms différens qui ſignifient vne meſme Vertu; car de donner ce que la raiſon preſcrit, c'eſt ne
pas donner plus qu'il eſt raiſonnable; & celuy qui
ne donne que quand il faut, ne donne pas auſſi
quand il ne faut pas; & ainſi la frugalité & la libéralité ſont vne meſme Vertu qui eſt entre l'avarice
& la prodigalité.

Mais ſi cela eſt ainſi (me direz vous) l'homme
n'auroit-il pas quelque ſujet de ſe plaindre contre
l'autheur de la nature, de ce qu'il y auroit plus
de vices que de Vertus, c'eſt à dire de ce qu'il y auroit plus d'ennemis à combatre, que d'armes pour
ſe deffendre?

Je reſponds que cette conſéquence ſeroit bonne,
ſi les vices avoient autant d'vnion enſemble pour
abbatre l'homme, comme les Vertus en ont pour
le relever: mais on n'aura pas ſujet de ſe plaindre
de ce grand nombre de vices, lorſqu'on fera réflé-
xion qu'ils ſont tous oppoſez les vns aux autres,
& qu'ils ſe deſtruiſent mutuellement: au lieu que
les Vertus s'vniſſent toutes enſemble & ſe ſouſtien-
nent pour combatre vn meſme vice; par éxemple, la
prodigalité s'oppoſe auſſi bien à l'avarice comme la
libéralité;

libéralité ; la témérité combat la lascheté autant
que la valeur: mais la valeur ne chasse jamais la libéralité, ny vne autre Vertu, puisqu'au contraire
on n'en sçauroit avoir vne sans les avoir toutes,
comme nous le prouverons dans le Chapitre suivant.

Quand on dit pourtant que chaque Vertu est
au milieu de deux vices, cela ne doit pas s'entendre à la rigueur, comme si chaque Vertu estoit
autant éloignée d'vn vice que de l'autre. Car dans
la vérité elle est tousjours plus opposée à l'vn qu'à
l'autre; par éxemple, la libéralité est bien plus opposée à l'avarice qu'à la prodigalité, & la force à
la lascheté plus qu'à la témérité.

Il ne faut pas aussi étendre cette Doctrine à toutes sortes de Vertus; car les Theologales qui ont
vn objet infiny, à sçavoir Dieu, ne peuvent jamais se trouver dans l'excez. La Foy par éxemple ne
sçauroit trop croire en Dieu. L'Esperance ne sçauroit attendre tant de biens de la miséricorde de
Dieu qu'il est capable d'en répendre. Et la Charité
ne peut autant l'aymer qu'il est aymable.

Et mesme entre les Vertus morales il y a quelque
difficulté touchant la Justice, & l'on croit d'ordinaire qu'il en faut parler tout autrement que des
autres Vertus. Car on dit qu'elle n'est pas entre
deux vices, & que l'on ne sçauroit l'offencer que
par le seul défaut, en ostant à quelqu'vn ce qui luy
appartient.

Mais afin de le prouver plus clairement, il faut
remarquer qu'il y a trois especes de Justice, à sça-

voir *la Commutative* qui régle le commerce, & les
eschanges qui se font ; *la Distributive* qui partage à
chacun les récompenses qu'il a méritées ; & la *Vindicative* qui proportionne les peines & les supplices
aux offenſes que l'on a commiſes.

Pour ce qui eſt de la Iuſtice commutative, on
ne ſçauroit l'offenſer par excez. Car ſi quelqu'vn
achepte de ſon propre argent vne marchandiſe
quatre fois plus qu'elle ne vaut, il ne fait tort à
perſonne, & on doit pluſtot le conſidérer comme
vn homme libéral ou prodigue, que comme vn in-
juſte.

2. Il faut dire la meſme choſe de la Iuſtice
diſtributive. Car ſi vn Capitaine par éxemple ré-
compenſe quelques Soldats au delà de leur mérite,
il le fait ou de ſon propre bien, & ainſi il eſt libéral, ou du bien qui doit appartenir à d'autres Soldats qui l'ont mieux mérité, & pour lors ſon in-
juſtice conſiſte ſeulement dans vn défaut, entant
qu'il fait tort à quelques vns, & qu'il leur oſte ce
qui leur devroit appartenir.

Enfin l'on ne ſçauroit auſſi pécher contre la
Iuſtice vindicative que par défaut. Car ſi par é-
xemple vn Iuge condamne à la mort quelque criminel qui n'a mérité que les galéres, il ne faut pas
dire pour cela qu'il excéde dans la Iuſtice ; on peut
bien l'accuſer de cruauté, parcequ'il excéde dans
les peines : mais on ne ſçauroit le faire paſſer pour in-
juſte, ſi ce n'eſt entant qu'il oſte à ce criminel la vie
qui luy devroit eſtre conſervée ; ce qui eſt tousjours vn défaut, & non pas vn éxcés.

CHAPITRE CINQVIE'ME,

*Touchant l'vnion & la liaison que les Vertus
ont entr'elles.*

L'ON demande s'il y a tant de liaison entre les Vertus qu'il soit impossible d'en avoir vne dans vn estat de perfection, sans posséder en mesme temps toutes les autres.

Les Peres sont assez d'accord sur ce sujet, & ils nous enseignent qu'vne Vertu ne sçauroit avoir sa perfection, si elle n'est accompagnée de toutes les autres.

Les Vertus, dit Saint Ambroise, ont ensemble tant de connéxion & d'enchaisnement, que quiconque en possede vne, possede aussi toutes les autres.

Saint Augustin dit que les Vertus qui font l'ornement de l'ame, ne peuvent jamais estre séparées l'vne de l'autre, & que tous les Philosphes sont de ce sentiment.

En effet, vne Vertu n'est pas dans vn estat parfait, si celuy qui la possede n'est capable de surmonter toutes les difficultez qui peuvent se rencontrer dans la pratique: Or cela est impossible si toutes les Vertus ne s'entresecourent & ne se fortifient mutuellement l'vne l'autre; par exemple vn homme ne peut posséder la Iustice dans le dégré parfait, s'il n'est en mesme temps tempérant pour ne se pas laisser gagner par les plaisirs; il faut aussi qu'il soit généreux pour mépriser les menaçes que les

Sic connexæ sunt concatenatæque virtutes, vt qui unam habet, plures habere videatur. S. Ambr. in Lucam.

Virtutes quæ sunt in animo humano nullomodo separantur ab invicem. S. Aug.

meschans luy peuvent faire ; il doit enfin avoir béaucoup de douceur & de modération , pour ne pas s'emporter à la cholere qui luy feroit punir les crimes avec plus de rigueur qu'ils ne méritent.

C'est ce qui a fait dire à Saint Hierosme que toutes les Vertus se pouvoient fort bien comparer aux chordes différentes d'vn mesme luth. Car de mesme que l'harmonie est tres agréable , quand toutes les chordes sont parfaitement d'accord, & que la moindre dissonance choque ceux qui ont l'oreille délicate : ainsi quand les Vertus sont parfaitement vnies, & qu'elles s'accordent pour régler tous les mouvemens de l'ame, elles produisent vne harmonie si charmante & si admirable dans toutes les actions de la vie, que l'vne ne dément jamais l'autre, & qu'elles semblent toutes conspirer à vne méme fin; mais si l'vne de ces Vertus vient à manquer , la ruine de toutes les autres est infaillible, l'harmonie ne s'y trouve plus, & les passions s'emparans de l'ame ny produisent que du trouble & du désordre. C'est pourquoy Ciceron dit fort bien que si quelqu'vn demeure d'accord qu'il manque de quelque Vertu, il faut aussi qu'il avoüe nécessairement qu'il n'en a pas vne.

On peut rapporter icy ce que nous avons dit dans le Chapitre troisiéme de la Charité; car s'il n'y a point de bonnes actions sans la Charité, il n'y a point de Vertu parfaite qui ne soit accompagnée de toutes les autres; puisque la Charité exclut toute sorte de mal, & surmonte toutes les difficultez

Sicut ad harmoniam cytharæ conficiendâ omnes chordæ conveniunt, ita vt vnâ deficiente consonantia sit imperfecta : sic & in virtutibus. S. Hier. in c. 17. Isai.

Si vnam virtutem confessus es te non habere, nullam necesse est te habere. 1. Tusc.

qui nous empeſchent de faire le bien. Auſſi l'Apoſtre dit que c'eſt la Charité qui produit toutes les
actions vertueuſes, qu'elle eſt patiente, qu'elle eſt
débonnaire, qu'elle n'eſt point envieuſe, qu'elle ne
fait rien inutilement, qu'elle ne s'enfle point d'or-
geüil, qu'elle ne s'attache pas à ſes propres intereſts, qu'elle ne penſe point à faire le mal, qu'elle
ne ſe plaiſt qu'à la vérité, & point du tout à l'iniquité, qu'elle ſouffre tout, qu'elle croit tout,
qu'elle eſpére tout, & qu'elle endure tout.

Charitas patiens eſt, benigna eſt, non æmulatur, nõ agit perperàm, non inflatur, nõ quærit quæ ſua ſunt, non eſt ambitioſa, non cogitat malum, non gaudet ſuper iniquitate, cõgaudet autem veritati. omnia ſuffert, omnia credit, omnia ſuſtinet. 1. Cor. 13.

On objecte contre ce que nous venons de dire,
qu'il y a des Vertus qui ſont oppoſées entr'elles,
comme la magnificence & la pauvreté volontaire,
la virginité & la chaſteté conjugale: & par conſéquent que toutes les Vertus ne ſont pas ſi enchaiſ-
nées enſemble, que l'vne ne puiſſe eſtre ſans l'autre.

Je pourrois reſpondre en premier lieu, que quand
on aſſure qu'il y a de la connéxion entre les Vertus,
on ne prétend parler que de celles qui peuvent ſe
rencontrer dans les conditions communes de la
vie, & non pas de ces Vertus extraordinaires qui
ne ſont propres qu'à certains eſtats, comme eſt
par éxemple la Virginité.

Mais je dis deplus, que ces Vertus meſmes extraordinaires ſont parfaitement vnies avec toutes les autres, & que ſi elles ſont quelquefois
opoſées entr'elles, ce n'eſt qu'à l'eſgard des actions
extérieures, & point du tout à l'eſgard des inté-
rieures. Car quoy qu'vn homme ne puiſſe pas éxercer en meſme temps des actions extérieures de

pauvreté & de magnificence, il peut néanmoins
avoir vne disposition intérieure & vne préparation
d'esprit pour pratiquer l'vne & l'autre si l'occasion
s'en présentoit. Or la Vertu consiste bien davantage
dans vne bonne disposition d'esprit, que dans quelque action extérieure qui pourroit se rencontrer
aussitost dans vn hypocrite que dans vn homme de
bien.

DISSERTATION CINQUIEME.

Des Vertus en particulier.

POUR bien parler des Vertus en particulier,
il faut remarquer que l'on en peut faire plusieurs divisions.

On les divise premierement en Theologales &
en Morales.

Les Theologales sont celles qui ont Dieu mesme
pour objet, à sçavoir *La Foy*, qui soûmet nostre
esprit à croire les mysteres que Dieu nous à révé-
lez; *L'Espérance*, qui nous fait attendre la gloire
éternelle de sa miséricorde; & *la Charité*, qui nous
le fait aymer pardessus toutes choses.

Les Morales sont ainsi appellées, parcequ'elles
ont pour objet les mœurs & les actions humaines,
par exemple la Tempérance a pour objet de modérer les plaisirs du goust & du toucher.

Les Vertus morales se pourroient distinguer par
les différentes actions ou passions humaines qu'elles entreprennent de régler; mais il vaut bien

mieux s'arrester à la division ordinaire qu'on en
fait, lorsqu'on dit qu'il y en a qui sont Cardinales,
& d'autres qui dépendent de cellescy.

Les Cardinales sont ainsi appellées, parcequ'elles sont comme les appuys & les pivots sur lesquels roule toute la vie humaine. On les met au
nombre de quatre, à sçavoir la Prudence, la Justice, la Force, & la Tempérance, suivant les quatre principes de nos actions, qui ont besoin de
bonnes habitudes pour se porter au bien avec plus
de facilité. Car l'Entendement se trouve assez souvent embarassé dans le discernement qu'il faut
faire du bien & du mal ; c'estpourquoy la Prudence luy est tres nécessaire pour le conduire. La Volonté a de soy mesme tant d'amour propre, qu'elle
s'attribüe beaucoup de choses qui ne luy sont pas
deües, & ainsi elle a besoin de Iustice pour rendre
facilement à chacun ce qui luy appartient. La partie Concupiscible se porte souvent avec trop d'em-
pressement au bien sensible, d'ou vient qu'elle a
besoin de la Tempérance pour modérer ses plaisirs,
& les régler suivant la raison. Enfin la partie Ira-
scible s'abbat & s'éloigne du bien à cause des difficultez qui l'environnent, c'estpourquoy elle a besoin de la Force pour les surmonter courageuse-
ment.

Il nous faut expliquer la nature de ces quatre
Vertus Cardinales, & voir en mesme temps toutes
les autres qui en dépendent, & les vices qui leur
sont opposez.

CHAPITRE PREMIER.

De la Prudence.

ON peut confidérer dans chaque Vertu Cardinale fa nature & fes effets, les Vertus qui en dépendent, & les vices qu'elle combat.

Pour ce qui eft de la Prudence, on la définit vne Vertu intellectuelle & morale qui fert à l'homme comme de phare & de flambeau pour l'éclairer dans le difcernement qu'il doit faire du bien & du mal, foit en fe propofant vne bonne fin, foit en faifant le choix des moyens qui font les plus convenables.

La Prudence s'appelle Vertu intellectuelle, parceque le fujet où elle réfide eft l'Entendement, & on dit qu'elle eft auffi vne Vertu morale, parcequ'elle renferme néceffairement l'inclination de la Volonté; car celuy qui a de belles connoiffances, & qui fait de mauvaifes actions, ne mérite pas la qualité de prudent.

Les actions principales de la Prudence font de rechercher les moyens qui conduifent à la fin qu'on doit fe propofer, de délibérer fur la nature de chacun en particulier pour s'affurer de celuy qui eft le meilleur, & enfin de déterminer celuy qu'il faut prendre & préférer à tous les autres, & en quelle maniére il s'en faut fervir. C'eft pourquoy nous difons qu'il n'y a point de Vertu fans la Prudence, parceque fon employ fe doit étendre dans toutes nos actions, & qu'il n'appartient

n'appartient qu'à elle de preſcrire la médiocrité
qu'il faut garder dans toutes les autres Vertus.

Les Vertus qui ſont compriſes ſous la Prudence,
ſont ou ſes parties ou ſes eſpeces.

Les parties de la Prudence ſont au nombre de huit,
à ſçavoir la Subtilité d'eſprit, la Docilité, le bon Raiſonnement, l'Intelligence, la Mémoire, la Précau-
tion, la Circonſpection, & la Prévoyance. Les deux
premieres ſervent pour acquérir la Prudence; car on
l'acquiert ou par ſoy meſme, & il faut avoir de la
Subtilité pour inventer de bons moyens; ou par le
moyen d'autruy, & la Docilité eſt néceſſaire pour
entendre les inſtructions. Les ſix derniéres ſe rencontrent dans l'vſage que l'on fait de la Prudence;
car pour agir prudemment, il faut employer le Rai-
ſónement, qui eſt fondé ſur l'Intelligence des principes généraux, ſur la Mémoire du paſſé, ſur la
Prévoyance des choſes futures, & ſur la parfaite
connoiſſance des choſes préſentes, dont la Précau-
tion nous découvre les empeſchemens, & la Circonſpection les autres circonſtances.

Il y a deux eſpeces de Prudence, à ſçavoir, la
particuliére & la publique.

La Prudence particuliére eſt celle qui ſert à chacun en particulier pour ſe connoiſtre ſoy meſme,
& pour s'employer aux choſes auxquelles il ſe trouve propre: & la Prudence publique eſt celle qui
entreprend de conduire les autres; c'eſt pourquoy
elle ſe diviſe en Oeconomique qui ſert pour la conduite d'vne famille, en Politique qui eſt propre à
ceux qui commandent ou qui obeïſſent dans vn

Eſtat, & en Militaire que l'on pratique dans les Armées contre les ennemis.

Pour ce qui eſt des Vices qui ſont oppoſés à la Prudence, il y en a qui le ſont manifeſtement, & d'autres qui ſont cachés ſous les apparences meſ-mes de la Prudence. Les premiers ſont compris ſous le nom d'Imprudence, & les ſeconds s'appellent vne fauſſe Prudence.

L'Imprudence conſiſte ou dans la Précipitation qui empeſche la recherche des moyens que l'on doit mettre en vſage, ou dans l'Inconſidération qui eſt oppoſée au jugement qu'il en faut porter, ou dans la Négligence qui eſt contraire à leur éxecution, ou dans l'Inconſtance qui s'oppoſe à leur pourſuite.

La fauſſe Prudence ſe propoſe ou vne fin ou des moyens qui n'ont qu'vne bonté apparente. On l'appelle prudence de la chair, quand elle a pour objet les plaiſirs ſenſuels, & Fineſſe ou Fourberie quand on s'en ſert pour tromper les autres, ſoit par des paroles, ſoit par des actions.

CHAPITRE SECOND.

De la Iuſtice.

LA Juſtice eſt vne vertu morale qui porte la Volonté à faire droit à chacun, & à luy rendre ce qui luy appartient.

Les Vertus qui ſe rapportent à la Juſtice ſont de deux ſortes; car il y en a qui ſont ſes eſpeces,

& qui conséquemment ont le mesme nom qu'elle; & d'autres qui luy sont seulement semblables.

Les especes de la Justice regardent ou le bien public ou le bien des particuliers; la premiere s'appelle Justice générale ou legale ; & la seconde Justice particuliére.

Cette derniére se divise en Commutative, & Distributive. La Justice Commutative sert pour régler les contracts & les eschanges qui se font dans le commerce ordinaire : & la Distributive donne à chacun la récompense ou lapeine qu'elle a méritée. La Commutative ne considére que l'égalité des choses, car vn Prince n'achepte pas plus cher qu'vn simple Bourgeois: mais la Distributive s'arreste fort à la qualité des personnes; car vn Capitaine par éxemple doit recevoir vne plus grande récompence qu'vn simple Soldat, quand ils ont remporté la victoire sur l'ennemy.

Les Vertus qui ont quelque connexité & quelque ressemblance avec la Justice, portent la Volonté à rendre à autruy ce qui luy est deub, ou par droit, comme la Religion, la Piété, & le Respect ; ou par honnesteté seulement, comme la Reconnoissance, la Vérité, l'Affabilité, la Candeur, la Libéralité, la Magnificence, & la Magnanimité.

La Rligion nous fait rendre à Dieu l'honneur que nous luy devons.

La Piété nous porte à reconnoistre les bienfaits que nous avons receus de nos parents & de nostre patrie.

Le Respect ou la Révérence nous oblige à rendre

à ceux qui sont eslevez au dessus de nous l'honneur que leur dignité mérite, & l'obeïssance qui est deuë à leurs commandemens.

La Reconnoissance nous porte à nous considérer comme rédevables à ceux qui nous ont fait du bien.

La Vérité nous oblige à dire les choses dans la conversation comme nous les pensons.

L'Affabilité ou la Civilité nous porte à donner libre accez à tous ceux qui nous veulent parler, & à les traiter avec honneur.

La Candeur nous fait approuver les parolles qui n'offensent personne, & les actions qui sont conformes à la raison.

La Libéralité nous fait faire vn bon vsage des biens & des richesses que nous possedons pour l'vtilité de ceux à qui nous les donnons.

La Magnificence nous porte à faire de grandes despenses qui esclatent autant que le peuvent permettre nostre condition, & la chose pour laquelle nous faisons la despence.

Enfin la Magnanimité nous fait rechercher l'honneur dans toutes nos actions vertueuses,

Pour ce qui est des vices qui sont opposez à ces Vertus, ils reçoivent le nom commun d'Injustice, & ils se divisent en plusieurs especes, dont nous allons faire le dénombrement par ordre

Le Mespris de l'interest public, ou le désir d'amasser le bien d'vne communauté contre la raison sont opposez à la Justice légale & vniverselle.

Les Vices qui combatent la Justice Distributive se rencontrent ou dans la distribution des honneurs & des récompenses, comme l'Acception des personnes, ou dans les ordonnances des peines, comme la Cruauté.

Les Vices qui sont opposez à la Justice Commutative nous portent à faire tort au prochain ou par nos actions, comme l'Homicide, l'Adultere, le Larcin, l'Usure dans les prests, & la Tromperie dans les ventes; ou par nos paroles, comme l'Imprécation, la Médisance & la Calomnie; ou par nos pensées, comme les Jugemens faux & téméraires.

La Religion est combatuë par la Superstition, l'Idolatrie, la Magie, le Parjure, le Sacrilege, la Simonie, & la Tentation de Dieu.

La Piété se détruit par l'Impiété, qui se rencontre dans ceux qui se mocquent de leurs parens, & qui trahissent leur patrie.

Le Mespris & la Desobeïssance sont deux vices opposez au Respect que nous devons à nos supérieurs.

L'Ingratitude combat la Reconnoissance.

La Vérité se ruïne par le Mensonge, dont l'Arrogance, la Dissimulation, & l'Hypocrisie sont des especes.

L'Orgueil & la Rusticité sont des vices opposez à l'Affabilité.

La Candeur ne se sçauroit rencontrer avec la Flaterie, la Complaisance, & l'Esprit de contradiction.

La Libéralité est entre l'Avarice & la Prodigalité,

La Magnificence entre la Vanité & la Mesqui-
nerie.

|Enfin la Magnanimité est combatuë par la Pusilla-
nimité qui nous empesche de faire des actions dignes d'honneur qui sont en nostre pouvoir, & par
l'Ambition qui nous en fait entreprendre d'autres
qui sont au dessus de nos forces.

Aprés avoir expliqué les Vertus qui ont quelque rapport à la Justice, & les vices qui leur sont
opposez, il faut encore éxaminer quelles sont les
personnes envers lesquelles on peut éxercer la Justice.

Je dis premierement que personne ne sçauroit
l'éxercer à l'esgardde soy mesme, parceque la Justice est vne vertu qui rend à autruy ce qui luy appartient.

Secondement, la Justice peut quelquesfois se
pratiquer entre le fils & le pere, & entre le maistre
& le serviteur, parcequ'il y a de certains biens
qui ne sont pas dans la puissance ou du pere ou du
maistre.

Troisiémement, à parler proprement, Dieu ne peut
pas éxercer la Justice envers les créatures; car il faudroit pour cela qu'il pust leur rendre ce qui leur appartient: or il n'appartient quoyque ce soit aux
Créatures, puisqu'elles ne sont pas à elles mesmes, & que Dieu a vn domaine absolu, & souverain sur leur Estre, & sur les choses qui en dépendent. Il peut bien à la vérité s'obliger à nous
par ses promesses; mais leur accomplissement s'appelle plustost Fidelité, que Justice.

Quatriémement, les créatures ne sçauroient aussi éxercer la Justice envers Dieu, car il est impossible qu'elles puissent luy rendre quelque chose qui ne soit pas en son pouvoir.

CHAPITRE TROISIEME.

De la Tempérance.

LA Tempérance est vne vertu qui s'occupe à modérer non seulement les plaisirs que la présence des choses agréables peut éxciter dans l'Ame, mais encore la douleur qui provient de l'absence du plaisir.

Les dispositions nécessaires pour pratiquer la Tempérance sont la Pudeur, & l'Honnesteté, dont la premiere nous esloigne des plaisirs honteux ; & l'autre ne nous attache qu'à ceux qui sont loüables.

Les Vertus qui se rapportent à la Tempérance sont ou ses parties ou des habitudes qui luy sont semblables.

Les parties de la Tempérance appartiennent ou aux plaisirs du goust, comme l'Abstinence, & la Sobriété qui réglent le boire & le manger ; ou aux plaisirs de l'attouchement comme la Chasteté.

Les Vertus qui sont semblables à la Tempérance éxerçent leurs actions ou à l'esgard du prochain, ou à l'égard de nous mesmes. Les premieres sont la Mansuetude qui s'opose à la Cholére, & la Clémence qui est contraire à la Sévérité. Les autres sont la Modestie, qui régle les gestes du corps, la Simpli-

cité qui garde la médiocrité, dans les habillemens ;
la Studiosité qui modére le désir de sçavoir, & l'Humilité qui s'oppose aux désirs de la vaine gloire.

Les Vices qui combatent la Tempérance luy sont
opposez ou immediatement, à sçavoir l'Intempérance & l'Insensibilité, dont l'vne manque par éxcez, & l'autre par défaut ; ou à l'égard de ses parties, comme par éxemple la Gourmandise qui est
contraire à l'Abstinence, l'Yvrognerie à la Sobriété,
& la Luxure à la Chasteté.

CHAPITRE QUATRIEME.

De la Force & de la Vaillance.

ON ne prend pas icy la force pour vne vigueur
du corps ou de l'esprit, mais pour vne Vertu morale qui modére la Crainte & la Hardiesse,
afin déviter la témérité, & la lascheté dans les périls auxquels l'honnesteté oblige de s'exposer.

La Force est extremement nécessaire à l'homme
pour conserver ce qu'il a, & pour acquerir ce qu'il
n'a pas. Car la Hardiesse & la Crainte sont deux passions qui produisent par leur éxcez la Témérité &
la Lascheté, dont la premiére le met en danger de
perdre ce qu'il a, & l'autre l'empesche d'acquerir
ce qui luy manque.

Mais cette Vertu ne fait pas tout ce qu'on luy
attribüe d'ordinaire ; par éxemple les combats déf-
fendus par les Loix ne sont pas l'objet d'vne véritable Vaillance, puisque le Vaillant ne s'expose

jamais

jamais aux périls que pour l'honnesteté. Tout de
mesme celuy qui se ruë parcequ'il n'a pas obtenu vn
bien qu'il désiroit, ou parcequ'il est attaqué de
quelque mal, ne doit pas estre estimé Vaillant;
car c'est donner des preuves de lascheté que de
craindre trop le mal qui le peut attaquer, ou de ne
pouvoir supporter celuy qui luy est arrivé.

On rapporte deux Vertus à la Force, à sçavoir
la Patience, qui a pour objet le bien que nous espé-
rons, & le mal qui nous donne de la tristesse ou de
la crainte; Et *la Persévérance*, qui n'est autre chose qu'vne patience qui dure jusqu'à la fin.

Les Vices qui sont opposez à la Vaillance sont *la
Lascheté*, qui en est le défaut, & qui provient d'vne
trop grande crainte; & *la Témérité*, qui en est l'éxcez & qui provient d'vne trop grande hardiesse.
Les Lâches fuyent contre la raison les maux qui les
menaçent, & souffrent impatiamment ceux où ils
sont. Les Téméraires s'exposent aux périls qu'ils devroient éviter, & s'y engagent par passion plustost
que par la raison; c'est pourquoy ils perdent ordinairement dans le combat toute la chaleur qu'ils
avoient d'abord fait paroistre. Ce qui doit estre
icy bien remarqué, pour ne confondre pas, comme fait le vulguaire, le faux brillant de plusieurs
actions téméraires avec le véritable esclat de la
Vaillance.

DISSERTATION SIXIE'ME.

Des Actions humaines.

APRES avoir éxpliqué tous les principes qui peuvent contribuer à la production des actions humaines, nous pouvons les éxaminer en elles mesmes, pour distinguer les bonnes d'avec les mauvaises, & celles qui méritent des loüanges d'avec celles qui ne méritent que du blasme.

On appelle proprement vne action humaine celle qui se fait librement & avec réflexion, pour la distinguer des actions qu'vn hôme peut faire malgré luy, ou sans y penser ; ainsi lorsqu'vn homme marche en prison, ou qu'il remüe le bras sans y penser, on appelle ces actions des actions d'homme, & non pas des actions humaines ; & comme elles ne méritent ny du blasme ny des loüanges, nous n'en parlerons point dans la Morale.

Or tout de mesme qu'vn hôme ne passe point pour parfait, si toutes les parties qui composent le corps humain ne sont dans leur disposition naturelle, & qu'il devient imparfait dés aussitost que la moindre partie luy manque. Aussi vne action humaine ne passe point pour bonne, si elle ne renferme toutes les perfections qui luy sont deuës, comme par éxemple vne bonne Fin, vn bon Objet, & de bonnes Circonstances: mais elle est au nombre des mauvaises dés aussitost que la moindre perfection manque à son accomplissement. C'est pourquoy

nous devons éxaminer icy plus particuliérement
tout ce qui eſt néceſſaire pour rendre vne action
bonne & parfaite; & enſuite nous verrons ſi toutes les actions humaines ſont bonnes ou mauvaiſes, & s'il n'y en a point d'indifférentes.

CHAPITRE PREMIER.

Des conditions que doit avoir vne bonne action.

IL y a trois choſes à conſidérer dans vne action,
à ſçavoir la choſe en elle meſme qu'on appelle
l'Objet. 2. la Fin qu'on ſe propoſe, & l'Intention
qu'on a en la faiſant. 3. les Circonſtances qui l'environnent & qui l'accompagnent.

L'Objet ou la choſe conſidérée en elle meſme
eſt comme la matiére de l'action, & la Fin en eſt
comme la forme; par éxemple l'aumoſne en ſoy
meſme eſt vne action indifférente, & comme vne
matiére qui peut reçevoir pluſieurs formes ; car
elle peut eſtre faite, ou par charité, pour ſe rendre
agréable à Dieu, & ſatisfaire pour ſes péchez, &
elle ſera bonne ; ou par vanité afin de plaire aux
hommes, & d'acquerir la réputation d'eſtre libéral,
& pour lors elle ſera mauvaiſe.

Les Circonſtances ne ſont que comme des accidens ſuradjouſtez à la ſubſtance de l'action, qui ont
pourtant la force d'en augmanter ou d'en diminuer le mérite, ainſi par éxemple, ſi c'eſt vn péché
que de dérober le bien d'autruy , ce péché ſera
bien plus grand s'il ſe commet dans vne Egliſe, par-

ce que la Circonſtance du lieu en fera vn Sacrilége?

Or les Circonſtances qui accompagnent vne action ſont ordinairement au nombre de ſept, & il eſt tres néceſſaire de les ſçavoir en matiére de Morale, puiſqu'il les faut toutes éxaminer avant que de juger de la bonté ou de la malice d'vne action. Elles ſont contenuës dans le vers ſuivant.

Quis, quid, vbi, quibus auxiliis, cur, quomodo, quando.

Et il eſt facile de les diſtinguer dans quelque action particuliére. Par éxemple pour bien juger d'vn meurtre qui a eſté commis, il ne faut pas ſe contenter de connoiſtre l'Objet & la Fin de cette action, mais il faut encore en rechercher les Circonſtances. Il faut éxaminer premiérement quelle eſt *la Perſonne* qui a tué, comme ſi c'eſt vn Laïque ou vn Eccleſiaſtique. 2. la *qualité* de celuy qui a eſté tué, comme ſi c'eſt vn Magiſtrat ou vn Roturier. 3. *le Lieu*, ſi c'eſt dans vne rüe ou dans vne Egliſe. 4. *Avec quelles armes*, ſi c'eſtoit avec vn piſtolet, ou avec vn poignard. 5. *la Fin* particuliére de l'agent, comme ſi ç'a eſté pour ſe vanger ou pour luy dérober ſon bien. 6. *la maniére de l'action*, comme s'il l'a attaqué à force ouverte, où s'il l'a pris en trahiſon. 7. *le Temps*, ſi c'eſtoit de nuict ou de jour.

Cela ſuppoſé, je dis qu'vne action ne paſſe jamais pour bonne moralement, ſi ſon Objet, ſa Fin, & toutes ſes Circonſtances n'ont la bonté & la perfection qui leur eſt néceſſaire; car comme nous avons desja remarqué, il faut parler des choſes morales avec quelque proportion aux choſes na-

turelles : Or afin de pouvoir connoiſtre ſi vne choſe naturelle eſt parfaite, il faut avoir eſgard à ſa
matiére, à ſa forme, & à tous ſes accidens ; par
éxemple, pour pouvoir dire qu'vn homme eſt parfait, il ne faut pas conſidérer ſeulement s'il a vn
corps & vne ame, mais il faut encore éxaminer ſa
figure exterieure, les traits & la couleur de ſon vi-
ſage, la conformation de ſes membres, ſa vertu,
ſa capacité, & générallement toutes les belles qualitez qui peuvent contribuer à ſa perfection. Di-
ſons tout de meſme qu'afin qu'vne action morale
puiſſe paſſer pour bonne & parfaite, il faut que ſon
Objet, ſa Fin & toutes les Circonſtances ſoient tres
bonnes.

Toutes ces choſes ſont générales, & nous ne
trouverons guéres de perſonnes qui oſent les révoquer en doûte ; on accorde aſſez facilement qu'vne
action ne paſſe jamais pour bonne en Morale, ſi
ſon Objet, ſa Fin, & ſes Circonſtances ne ſont auſſi
trés parfaites : mais toute la difficulté eſt de pouvoir déterminer quand toutes ces choſes là ont
leur perfection, & l'on demande ſi nous avons
quelques régles à obſerver, & ſi nous pouvons
donner quelques principes pour pouvoir juger ſi
l'Objet où ſe porte vn homme eſt vne choſe parfaite en elle meſme, ſi la Fin qu'il ſe propoſe eſt
raiſonnable, & ſi toutes les Circonſtances en ſont
bonnes.

Et pour reſpondre à cette queſtion, il faut dire
que nous avons deux principes & deux régles, d'où
dépendent toute la bonté & la perfection qui ſe

rencontrent dans l'Objet, la Fin & les Circonstances d'vne action morale, & que pour en bien juger, nous n'avons qu'à éxaminer si toutes ces choses y sont conformes, & si elles y ont du rapport.

La premiére régle est la raison divine ou la Loy éternelle, par laquelle Dieu conduit & rapporte toutes choses à leur propre fin ; c'est pourquoy nous devons éxaminer d'abord si l'Objet, la Fin & les Circonstances d'vne action luy sont conformes, ou non. Car c'est vne maxime constante qu'vne action est bonne quand elle est conforme à la Loy éternelle, & qu'elle est mauvaise quand elle la contredit en quelque façon. En effet les Theologiens définissent le péché aprés Saint Augustin, *vne parole, ou vne action, ou vne pensée contraire à la Loy éternelle.*

La seconde régle que nous pouvons suivre pour déterminer si vne chose est moralement bonne, c'est la droite raison, ou la loy naturelle qui est vne image de la loy éternelle & vne participation de la raison divine. Cette loy est imprimée dans nos ames, & nous sert à distinguer le bien d'avec le mal, & ce qui est permis d'avec ce qui ne l'est pas, comme l'explique admirablement le Prophéte Roy dans le Psalme quatriéme, où aprés avoir dit *qu'il faut sacrifier à Dieu des sacrifices de Iustice*, c'est à dire de bonnes œuvres ; il adjoûte que plusieurs pourront demander *qui leur monstrera quelles sont ces bonnes œuvres* ; & il leur respond que *Dieu a fait luire sur nous la lumiére de son visage favorable*, c'est à dire qu'il nous a donné la lumiére naturelle de la

raison, qui estant dérivée de la raison divine, peut
servir à nous esclairer dans le bien.

Ce n'est pas pourtant que cette lumiére naturelle soit suffisante pour nous conduire dans l'Estat
où la nature est corrompuë; car les ténébres qui
sont des suittes du péché, obscurcissent tellement
la raison humaine qu'elle n'est pas quelquefois
capable de discerner ce qui luy est contraire d'avec
ce qui luy est convenable. C'est pourquoy nous devons avoir recours aux loix positives divines &
humaines qui nous expliquent plus clairement ces
obligations de la loy naturelle. Et parceque ces derniéres loix ne sont pas encore suffisantes pour nous
marquer en particulier tout le bien que nous devons faire, & tout le mal que nous devons éviter,
il nous faut implorer sans cesse la miséricorde de
Dieu, afin d'obtenir la grace de connoistre sa Volonté & la force de la pratiquer quand nous l'aurons connüe.

Au reste quoyque nous ayons dit qu'vne action
dépend de son Objet, de sa Fin, & de ses Circonstances, pour estre bonne; cela ne doit pas pourtant s'entendre avec toute sorte d'égalité, parceque la Fin
qu'on s'y propose, & l'intention qu'on a en la faisant
est ce qu'il y a de plus considérable; car cóme elle est
la forme qui détermine les actions, & qui les distingue entr'elles: c'est aussi particuliérement d'elle que
se prend leur bonté ou leur malice. Or vne Fin
pour estre moralement bonne, doit estre propre à
l'homme & bonne simplement & absolument; c'est
pourquoy comme il n'y a que Dieu qui puisse estre

vne fin propre à l'homme, & qui ſoit bon abſolument, il s'enſuit que toutes les actions qui ſont bonnes doivent néceſſairement luy eſtre rapportées.

C'eſt ce qu'on appelle ordinairement avoir vne
pure & vne droite intention ; car l'intention eſt
droite, quand elle ſe porte directement à Dieu comme à ſa fin, ſans s'arreſter aux Créatures; comme on
dit qu'vne pierre va droit au centre de la terre,
quand elle ne gauchit, & ne s'en eſcarte aucunement. Elle eſt auſſi pure, quand elle n'eſt meſlée
d'aucun intereſt ny d'aucun deſſein de plaire aux
Créatures, & d'y eſtablir ſa ſatisfaction & ſon
plaiſir.

CHAPITRE SECOND.

Ou il eſt éxaminé ſi toutes les actions humaines ſont bonnes
ou mauvaiſes, & s'il n'y en a point d'indifferentes.

ON peut éxaminer vne action ou en général
& en elle meſme ; ou en particulier, & par
rapport à celuy qui la fait. C'eſt ce que les Philoſophes appellent conſidérer vne action ou dans l'eſ-
pece ou dans l'individu. Dans le premier cas on ne
s'arreſte qu'à examiner l'Objet ; & dans le ſecond
on conſidére principalement l'intention & la fin
qu'on s'y propoſe.

Il eſt certain que ſi l'on conſidére les actions
humaines en la première manière, on en trouvera
beaucoup qui ſont indifferentes en elles meſmes.
Car il ſuffit pour cela qu'elles ayent vn objet qui
                                        ne ſoit

ne foit ny conforme ny contraire à la droite raifon:
Or il y a plufieurs actions de cette nature; par é-
xemple fi l'on ne confidére dans la promenade que
l'Objet, qui eft de faire quelques pas, fans s'arrefter
à la Fin que fe propofe celuy qui fe promene, nous
n'avons pas fu jet de dire qu'elle foit pluftoft conforme que contraire à la raifon; & ainfi l'on peut
fouftenir que la promenade en elle mefme eft vne
chofe toutafait indifférente.

Mais fi l'on veut confidérer les actions particuliéres par rapport à leur Objet, à leur Fin, & aux Cir-
conftances qui les accompagnent; Il faut dire qu'elles font tousjours bonnes ou mauvaifes, & qu'il
n'y en peut avoir d'indifférentes. On le prouve facilement en éxaminant & la fin qu'on s'y propofe,
& le principe qui les fait entreprendre.

Premierement pour ce qui eft de la Fin que l'on
fe propofe dans vne action, elle eft tousjours ou
bonne ou mauvaife, parceque c'eft ou Dieu ou la
Créature, & qu'il n'y a point de milieu entre deux.
Si c'eft Dieu que l'on confidére comme fa fin, l'a-
ction eft bonne: mais fi c'eft la Créature, l'action
eft trés mauvaife. Car comme dit fort bien Saint
Auguftin, tous les péchez de l'homme, & tous les
défordres de fa vie viennent du renverfement qu'il   Frui vtendis
vti fruendis.
fait, lorfqu'il confidére Dieu, qui devroit eftre fa
fin, comme vn moyen feulement, ou qu'il confidére la Créature comme fa fin derniére, au lieu
qu'elle ne luy devroit fervir que de moyen.

Mais parceque ce raifonnement eft fondé fur
l'obligation que nous avons de rapporter toutes

G g

nos actions à Dieu comme à nostre derniére fin,
il faut prouver que cette obligation est indispen-
sable, & par raison, & par authorité.

La lumiére naturelle nous persuade assez que
puisque Dieu est le premier principe d'où nous
avons reçeu tout ce que nous possedons, nous
ne sçaurions attacher ailleurs nos affections, sans
nous rendre coupables de la derniére ingratitude,
& de la derniére désobeïssance.

Car en premier lieu, ce seroit vne grande ingratitude de ne pas rapporter toutes nos actions à celuy,
dont nous reçevons la grace de les faire : & ces
grands avantages qu'il nous a fait en nous donnant
la raison & la liberté, nous avertissent assez que
nous sommes les images vivantes de son essence
divine, & parconséquent que nous sommes obligez d'agir pour sa gloire d'vne maniére aumoins
aussi excellente que celle avec laquelle agissent
toutes les autres créatures, mesme insensibles &
inanimées. Or toutes les Créatures font si pon-
ctuellement ce que Dieu leur a prescrit, & leurs
actions font tellement réglées, qu'elles ne servent
qu'à faire reluire l'ordre admirable de la sagesse &
de la providence de Dieu. Interrogeons ces Créatures, *dit le Prophete*, & leurs actions nous répondront
pour elles, que leur estre ne vient pas d'elles mesmes, mais que c'est le Tout-puissant qui le leur a
donné, & qui les y conserve. Desorte qu'il ne feint
point de dire ailleurs que ce bel ordre des Créatures est vne parolle muette, & vn silence éloquent
qui forme les loüanges de Dieu, & qui publie sa

gloire par tout l'Univers. Les hommes donc pour
estre aussi reconnoissans que ces Créatures insensibles, doivent faire esclater la miséricorde de Dieu
dans toutes leurs actions, & tous les mouvemens
de leurs cœurs doivét tellement tendre à Dieu, que
cette droiture d'intention soit vne marque & vne
preuve continuelle de tous les bienfaits qu'ils ont
reçeus de luy; car autrement s'ils s'abandonnent à
leurs concupiscences, & si le péché les destourne de
Dieu, pour les attacher malheureusemét aux Créatures; les passions éxercent sur eux vne tyrannie si
insuportable, & le désordre devient si grand dans
leur cœur & dans toutes leurs actions, que l'Image
de Dieu s'y efface entiérement, & qu'à les voir dans
ce pitoyable estat, on les prendroit plustost pour
des ouvrages du demon, que pour des Créatures
de Dieu.

Qu'on ne soit pas si ridicule de dire icy aprés
quelques Philosophes, que d'agir incessamment
pour la gloire de Dieu, cela est bon pour les Créatures inanimées, qui agissent tousjours d'vne mesme maniére, & qui ne se déterminent pas de leur
propre mouvement : mais que les hommes ayans
reçeu la liberté de Dieu, ils sont capables de se conduire & de se déterminer eux mesmes à tel objet
qu'il leur plaira; & ainsi que cette obligation où
nous voulons les assujettir n'est pas trop raisónable.

Car c'est prétendre que l'homme est obligé de
rendre à Dieu moins de services, parcequ'il en a
reçeu de plus grands avantages : au lieu que l'on
doit au contraire conclure que Dieu a droit d'éxi-

Gg ij

Cœli enarrant
gloriam Dei.

ger & d'attendre de l'homme des services d'autant plus grands, que les faveurs qu'il luy a faites sont plus signallées, afin qu'il y ayt quelque proportion entre la reconnoissance & le bienfait. Disons donc que si l'homme a receu de Dieu le libre arbitre, ce n'est pas pour s'en servir impunément contre Dieu, mais c'est seulement afin de luy sacrifier volontairement toutes ses entreprises, & afin de faire trés librement ce que les autres Créatures ne font qu'avec nécessité.

En second lieu, ce seroit adjouster la desobeïssance à l'ingratitude, que de ne pas rapporter à Dieu toutes ses actions; car l'Escriture nous commande expressément de l'aymer de tout nostre cœur, de tout nostre esprit, de toute nostre ame, & de toutes nos forces, & le fils de Dieu dit que c'est le premier & le plus grand de tous les Commandemens. Surquoy Saint Augustin fait de fort belles réflexions. *Cette Loy*, dit-il, *qui nous ordonne d'aimer a esté establie de Dieu mesme, afin que nous consacrions toutes nos pensées, toute nostre vie, & tout nostre esprit au service de celuy qui en est le premier autheur. Car puisqu'il dit qu'il faut l'aimer de tout nostre cœur, de toute nostre ame, & de tout nostre esprit, il ne permet pas que la moindre partie de nostre vie soit dépourveüe de son amour, & que nous recherchions ailleurs nostre repos: mais il veut que si nous aymons quelqu'autre chose que luy, ce ne soit que par rapport à luy, & que tout l'effort de nostre amour se termine à luy.*

Saint Paul nous explique encore assez ce Commandement, lorsqu'il nous avertit de ne rien en-

Diliges Dominum Deum tuum ex toto corde tuo, ex tota mēte tua, ex tota anima tua, hoc est maximū mandatum. *Matth. c. 12.*

Hæc regula dilectionis divinitus constituta est, vt omnes cogitationes tuas & omnē vitam & omnem intellectum in eū conferas, à quo habes ea ipsa quæ confers. Cum autem ait toto corde, tota anima, tota mente; nullam vitæ nostræ partem reliquit quæ vacare debeat, & quasi locū dare vt alia re frui velit, sed quicquid aliud diligendum venerit, illuc rapiatur quo totus dilectionis impetus currit. *l. 1. de Doct. Christ. c. 22.*

Omne quodcūq; facitis in verbo & inopere, omnia in

treprendre soit de parolle, soit d'action, si ce n'est au nom de Jesus-Christ. Et parceque quelques vns pourroient prétendre que cette régle n'est pas si générale qu'elle ne souffre quelque exception, & qu'il ne la faut estendre tout au plus qu'aux actions de pieté, l'Apostre adjouste qu'il veut mesme que l'on fasse pour la gloire de Dieu les actions qui sont les plus naturelles, comme sont par éxemple le boire & le manger.

Concluons donc que si nous considérons la fin des actions humaines, elles sont toutes rapportées ou à Dieu ou à la Créature, & ainsi qu'elles sont bonnes ou mauvaises. Mais aprés en avoir considéré la fin, éxaminons en le principe, pour confirmer encore plus la mesme vérité.

Toutes nos actions se font ou par vn principe de Charité, ou par vn principe de Cupidité; si elles ont la Charité pour principe, elles sont bonnes; si elles viennent de Cupidité, elles sont mauvaises: & par-conséquent il n'y en a point d'indifférentes.

La force de ce raisonnement paroistra mieux, si nous faisons voir qu'il n'y a point de milieu entre la Charité & la Cupidité, c'est à dire que toutes nos actions ont pour leur principe ou l'amour de Dieu ou l'amour des Créatures: Or il ne faut pas estre beaucoup versé dans les Peres, pour y avoir reconnu que c'est vn des premiers principes du Christianisme.

Saint Augustin dans son neuviesme Livre de la Cité de Dieu, dit que *personne ne peut produire vne action volontaire sans l'avoir préméditée auparavant dans*

nomine Domine noftri Iefu Chrifti facite, ad Coloff. 3.

Sive manducatis, five bibitis, five quid aliud facitis, omnia in Dei gloriam facite. 1. Cor. 11.

Nemo volens aliquid facit, quod non prius in corde fuo dixerit. Quod verbû amore concipitur aut

son cœur, & que cette préméditation se fait par l'amour ou de la Créature ou du Créateur; c'est à dire par attache, ou à vne nature caduque & fragile, ou à la vérité éternelle qui n'est point sujette au changement.

Le grand Saint Leon explique admirablement la mesme chose, lorsqu'il dit, *qu'il y a deux amours qui produisent en nous toutes les volontez que nous avons, & dont les effets sont aussi contraires que leurs causes sont différentes; car en effet l'esprit humain qui ne peut pas estre sans amour s'attache necessairement, ou à la bonté de Dieu, ou aux pompes du monde: Or l'excez n'est pas à craindre dans l'amour de Dieu, mais l'amour du monde ne renferme rien que de nuisible & de superflus.*

Supposé que toutes nos actions procedent de la Charité ou de la Cupidité, il n'est pas maintenant difficile à conclure qu'elles sont toutes bonnes ou mauvaises, & qu'il n'y en a point d'indifférentes. Car comme dit Saint Augustin, *la Charité est la racine de toutes les bonnes actions, de mesme que la Cupidité l'est des mauvaises; & comme le mal ne sçauroit se rencontrer avec la Charité, le bien aussi est-il incompatible avec la Cupidité. Ces deux racines sont plantées par des jardiniers fort contraires, & dans des terres bien différentes; Car la premiere, à sçavoir la Charité, est hantée par Iesus-Christ mesme dans les cœurs des Prédestinez; Et la seconde qui est la Cupidité, vient du démon dans le cœur des Réprouvez.*

Concluons donc que si l'on éxamine le principe de toutes nos actions, l'on trouvera qu'elles se font ou par Charité ou par Cupidité, & que n'y ayant point de milieu entre l'amour de Dieu & l'amour des Créatures, elles sont toutes bonnes ou mauvaises, & qu'il n'y en a point d'indifférentes. Mais poussons cette vérité vn peu plus loing, & appuyons la davantage, en respondant aux objections que l'on peut faire pour la combatre.

On peut objecter en premier lieu contre ce que nous venons de dire, que nostre sentiment semble bien sévére, & que c'est vne chose fort difficile, pour ne pas dire impossible, que de songer tousjours à Dieu, & de luy rapporter toutes nos actions; veuque l'Escriture nous dit que *le joug du Seigneur est delicieux, & que son poids ne peze pas beaucoup.*

Mais cette objection n'est pas fort difficile à résoudre, & l'on peut fort bien accorder ce passage de l'Escriture avec la vérité que nous avons avancée; car il n'y a qu'à respondre, qu'à la vérité le joug du Seigneur est trés délicieux, puisque c'est vn joug d'amour qui soulage plustost qu'il n'accable, *car où l'amour se rencontre,* dit Saint Bernard, *il n'y a point de peine; ou s'il s'y rencontre quelque peine, on la veut bien, & on la chérit; & ainsi ce n'est pas vne peine:* Tout de mesme le poids du Seigneur est fort léger, parceque c'est régner que de servir Dieu, & c'est estre délivré de l'infame servitude du diable, que de captiver sa liberté sous l'obeissance de Dieu. *Vous ne serez véritablement libres,* dit l'Ecriture, *que lorsque le Fils de Dieu vous aura délivrés du péché par sa grace. Venez vers moy,* dit-il luy mesme, *vous qui avez beaucoup de peine, & qui estes chargez, je vous soulageray, & vos ames trouveront vn véritable repos auprés de moy.* C'est sans doute la différence qui est entre le joug de Dieu & celuy du diable; car ce dernier est extrémement penible, & toutafait insuportable. *Nous nous sommes entiérement lassez dans la voye d'iniquité,* s'escrient les pécheurs, *& les chemins que nous avons tenus sont toutàfait difficiles.*

Mais la douceur qui se trouve dans le joug du Seigneur ne consiste pas en ce qu'il nous permet de faire quelque chose contre sa volonté, & de nous esloigner de luy; au contraire elle consiste en ce qu'il veut que nous nous attachions à luy dans toute la pureté de nostre cœur; car c'est vne peine estrange à vne ame pénétrée de l'amour de Dieu, que d'en estre séparée, & de ne posseder pas celuy qui peut seul la combler de véritables délices.

C'estpourquoy si quelqu'vn trouve de la difficulté dans cét engagement & dans cét amour de Dieu, elle ne luy vient que d'vne amour charnelle qui l'empesche de s'attacher au bien véritable; car si l'on peut bien conçevoir, qu'il n'est pas difficile à vn avare de songer sans cesse à augmanter ses thrésors, ny a vn malade de rapporter toutes ses actions au recouvrement de sa santé; si bien que l'avare s'attriste quand on luy ravit ses richesses, & le malade s'afflige quand le Médecin ne luy donne aucune espérance de santé. Aussi ne doit-on pas trouver estrange que nous disions qu'vne ame véritablement convertie à *Dieu,* & qui est détachée toutafait des Créatures, ne trouve point de difficulté & ne ressent en soy aucune résistance, lorsqu'il s'agit de penser à *Dieu,* & de rapporter toutes ses affe-

ctions

Laffati sumus in via iniquitatis, ambulavimus difficiles vias *Sapientia cap. 5.*

ctions à celuy qu'elle ayme pardessus toutes choses; mais qu'au contraire elle doit souffrir violence quand quelque chose la separe ou la destourne
de cét objet si aimable.

On objecte en second lieu qu'il n'y a point de
précepte qui nous oblige de rapporter toutes nos
actions à Dieu. Car les Theologiens mettent cette
différence entre les préceptes affirmatifs & les négatifs, que ces derniers sont d'vne obligation continuelle, & non pas les premiers; par éxemple le
Commandement de ne point mentir estant négatif, il doit estre observé à tout moment; mais le
Commandement d'honorer pere & mere estant
affirmatif, il ne nous oblige pas de le pratiquer dans
tous les instans de nostre vie, mais seulement dans
de certaines occasions. Or le précepte d'aymer Dieu
de tout son cœur est vn précepte affirmatif: & parconséquent il ne nous oblige pas de songer à Dieu
dans toutes nos actions.

On peut faire deux responces à cette objection,
& l'on peut dire en premier lieu, que sans entrer
dans la différence que mettent ordinairement les
Theologiens entre les préceptes affirmatifs & les
négatifs, nous avons aussi vn précepte négatif qui
nous deffend de regarder la Creature comme nostre derniere fin : or ne pas regarder la Créature
comme la derniére fin, c'est aimer Dieu par dessus
toutes choses: & parconséquent de quelque costé
que se tournent nos adversaires, la vérité que nous
avons avancée subsiste tousjours.

Mais affin de lever toute la difficulté, il faut

H h

Generalis pro-
hibitio est, Non
concupisces, ge-
neralis jussio, Di-
liges, ita ut his
duobus præceptis
tota lex consistat.
S. Aug. l. de perf.
justitia.
Non concupis-
ces. Exodi 20.

remarquer qu'il y a deux sortes de préceptes affirmatifs. Les vns regardent la fin derniére, &
les autres appartiennent aux moyens qui conduisent à cette fin. Il est bien vray que les préceptes
affirmatifs, qui n'appartiennent qu'aux moyens, ne
sont pas d'vne obligation continuelle; car comme
on peut se servir de différens moyens, on n'est pas
obligé d'employer tousjours le même; ainsi pour
arriver à la gloire de Dieu, on doit bien à la vérité
honorer ses pere & mere, quand l'occasion s'en présente: mais il y a quantité d'autres moyens, comme
l'aumosne, le jeusne, la priére, & d'autres vertus
que nous devons aussi mettre en vsage. Il n'en va
pas ainsi des préceptes affirmatifs qui regardent
la Fin; car comme on ne sçauroit estre dispensé
d'agir pour vne bonne Fin, ils obligent incessamment. Or le précepte d'aimer Dieu de tout son
cœur est vn précepte qui nous ordonne d'avoir
Dieu en veuë comme la Fin derniére de toutes nos
actions: & parconséquent il est d'vne obligation
continuelle.

Ce n'est pas pourtant qu'il soit nécessaire de
penser sans cesse à Dieu, & de produire continuellement des actions de Charité: mais il suffit seulement qu'on en ait l'intention, c'est à dire que l'on
aime Dieu d'vn amour dégagé, & qu'on ayt sa
volonté tournée vers luy par sa grace; desorte que
si l'on se propose quelque Fin dans vne action, ce
soit tousjours par rapport à sa gloire.

Mais si cela est ainsi, dira quelqu'vn, on péche

bien tous les jours, puisque l'on fait beaucoup
d'actions pendant vne journée, que l'on ne rapporte pas à Dieu.

Ie responds qu'il n'y a pas sujet de s'estonner que
la fragilité de l'homme le fasse tomber continuellement. C'est ce que David nous a voulu signifier
en nous disant que ses fautes estoient en plus grand
nombre que les cheveux de sa teste ; & suivant la
sainte institution de l'Eglise le Prestre n'approche
point tous les jours des Autels pour y célébrer
l'adorable sacrifice de la Messe, qu'il ne demande
pardon à Dieu de ses péchez, & de ses négligen-
ces qu'il avoüe estre innombrables. En effet la pureté d'intention n'est pas vne chose si commune
que l'on s'imagine. Plusieurs actions paroissent
justes, & éclatantes aux yeux des hommes, qui ne
laissent pas d'estre défectueuses & imparfaites devant Dieu; C'est pourquoy Job disoit qu'il se dé-
fioit de toutes ses actions, & mesme des meilleures; & le Seigneur nous avertit qu'il éxaminera
jusqu'à nos actions qui semblent les plus justes. Il
dit aussi formellement que nous rendrons compte
au jour du Jugement de toutes les paroles oyseu-
ses que nous aurons dites pendant cette vie. Or vne
parole oyseuse, selon Saint Grégoire, est celle qui n'est
pas accompagnée d'vne droite intention, qui n'est d'aucune
juste nécessité, & qui ne sert en rien pour s'avancer dans
la piété, quoyque d'ailleurs elle ne fasse tort à personne.
Qu'on juge aprés cela si l'Ecriture n'a pas raison de
nous dire qu'il faut travailler tousjours à nostre

Hh ij

Iniquitates mul-
tiplicatæ sunt su-
per capillos capi-
tis mei. *Psal.* 39.

Pro innumera-
bilibus peccatis &
negligentiis.

Iustitias vestras
judicabo. *Psal.* 74.
Dico autem vo-
bis quoniam om-
ne verbum otiosū
quod loquuti fue-
rint homines,
reddent rationem
de eo in die judi-
cii *Matt.* 12.
Verbum otiosum
illud est, quod vti-
litate rectitudinis,
aut necessitatis
justæ, aut præ vti-
litatis ratione ca-
ret S. *Greg. Hom.*
15. *in Evang.*

salut avec crainte & avec tremblement: Et qu'on
demeure d'accord que le relaschement de ceux qui
sont d'vne opinion contraire, doit faire naistre plusieurs scrupules fort raisonnables à ceux qui les suiuent,
& qui réglent leur vie suivant des maximes
qui n'ont aucun fondement dans l'Evangile.

On peut encore rapporter l'objection que font
quelquesvns contre ce que nous avons dit qu'il
n'y avoit point de milieu entre la Charité & la
Cupidité. Ils avoüent que ce qui se fait par principe de Charité est bon, & que ce qui se fait par principe de Cupidité est mauvais ; mais ils veulent
qu'on puisse se rencontrer dans vn certain milieu
où l'on ne regarde ny Dieu ny la Créature comme
Fin derniére ; par éxemple lorsqu'vn homme se promenne pour la conservation de sa santé, & qu'il n'a
point la pensée de plaire ou de déplaire à Dieu par
la promenade, dirat-on qu'il agit par cupidité, &
qu'il met sa fin derniére dans la Créature ?

Je responds, que suivant la Doctrine de Saint Augustin, il suffit pour rendre vne action mauvaise,
qu'elle ne soit pas rapportée à Dieu ; car la volonté, dit-il, qui est dépourveüe de charité n'est qu'vne
cupidité tres vitieuse. En effet lorsqu'vn homme
se promenne pour sa santé, & qu'il ne rapporte pas
sa santé au service de Dieu, on doit dire qu'il agit
par amour propre, & que sa santé est vn bien tem-
porel qu'il considére comme sa Fin derniére, puisque comme on le suppose, il ne songe pas à vn bien
plus excellent. Ce n'est qu'vn amour propre qui

l'attache à soy mesme, & qui l'empesche de se tourner vers celuy qui est l'autheur de sa santé , & à
qui seulement elle devroit estre consacrée.

Enfin l'on objecte qu'il y a de certaines actions
qu'on ne sçauroit ny loüer ny blasmer, & qui sont
parconséquent indifférentes ; comme lors qu'on
refuse de faire quelque chose à quoy l'on n'est pas
obligé : par exemple, si quelqu'vn estant sollicité
de voüer sa chasteté, ou d'embrasser la vie religieuse , respondoit qu'il ne veut point se mettre dans
cét engagement : on ne peut point dire qu'il feroit
mal , parcequ'il n'y a point de Commandement qui
nous oblige à la vie religieuse : on ne peut pas dire
aussi qu'il feroit bien , parcequ'il refuseroit vne
chose tres bonne & tres parfaite en soy mesme : il
faut donc dire que ce refus seroit vne chose indifférente.

Mais cette objection ne sera pas bien difficile à
résoudre ; si l'on considére l'intention , & si l'on
sonde le cœur de celuy qui feroit ce refus ; car quoy
que ces sortes d'actions soient indifférentes en elles
mesmes, & qu'on ne puisse les loüer ny les blasmer en général : neanmoins si l'on éxamine la Fin
qu'on s'y propose, & l'intention particuliére qu'on
a en les faisant , on trouvera qu'elles sont tousjours bonnes ou mauvaises ; car dans l'éxemple
dont il est question, si celuy qui refuse d'embrasser
vne vie parfaite , le fait parcequ'il croit n'y avoir
pas de la vocation, & parcequ'il ne croit pas y pouvoir faire son salut , son refus est tres bon & tres

agréable à Dieu : mais s'il le fait par vn mespris
qu'il faffe de la vie religieufe , ou par quelqu'autre engagement contraire à la raifon , fon action
eft mauvaife , & ne mérite que du blafme.

Concluons donc que c'eft vne vérité tres con-
ftante, que l'on fe propofe toufiours de plaire ou
à Dieu ou aux Créatures, & que le principe qui
nous fait produire toutes nos actions c'eft la Charité ou la Cupidité : & parconféquent qu'elles font
toutes bonnes ou mauvaifes , & qu'il n'y en a point
d'indifférentes.

Aprés avoir expliqué la nature des actions humaines,& tous les principes qui concourent à leur
production , il femble que pour achever cette Morale, il ne refteroit plus qu'à parler des Paffions, pour
en découvrir le nombre, l'origine, & la nature.
Ce Traité ne feroit pas vn des moins confidérables
de cette partie , puifque comme tout le monde
fçait , l'vn des principaux moyens pour bien vivre,
& pour mériter le bonheur de l'autre vie , c'eft de
modérer fes Paffions , & d'en réprimer la violence ; car en effet quand elles font réglées par
la raifon , elles fervent beaucoup à la pratique
des Vertus , & empefchent que leurs actions
ne foient languiffantes; au lieu que quand elles
s'éleuent contre la raifon, elles eftouffent les lumiéres de l'entendement, & terniffent tout le brillant des Vertus les plus éclatantes. Il feroit donc
d'affez grande importance d'adjoufter icy vn ample Traité des Paffions : mais parcequ'il eft com-

me impossible de bien pénétrer leur nature, &
d'en développer les causes & les effets, sans connoistre parfaitement la nature de l'Ame & tous les
ressorts qui la font agir, il auroit fallu mesler la Physique avec la Morale, & s'engager dans vn Traité
qui auroit pû ennuyer par sa longueur. Nous pourrons peut-estre le faire quelque jour dans vn second Volume, si ce premier a l'advantage d'estre
bien receu par ceux qui se donneront la peine de
le lire.

FIN.

EXTRAIT DV PRIVILEGE DV ROY.

PAR grace & Privilege du Roy, il est permis au Sieur I. D. C. M. O. D. R, de faire imprimer vn Cours entier de Philosophie, tant en Latin, qu'en François &c. & iceluy mettre en vente & exposer dans le temps de douze ans; & defenses sont faites à tous Libraires, & Imprimeurs, & autres personnes d'imprimer ou faire imprimer, vendre ou débiter aucune partie dudit Cours en quelque sorte & maniere, & sous quelque pretexte que ce soit sans le consentement dudit sieur Autheur, sur peine de confiscation des Exemplaires contrefaits, trois mille livres d'amandes, & de tous despens, dommages & interests. DONNE' à Compiegne le 20. jour de Juin 1657. Signé, Par le Roy en son Conseil, BERAVD.

Registré sur le Livre de la Communauté des Marchands Libraires & Imprimeurs, suivant l'Arrest du Parlement du 8. Avril 1653.
ANDRE' SOVBRON Scindic.

Ledit sieur Autheur a choisy CHARLES SAVREUX Marchand Libraire à Paris pour imprimer & debiter cette partie dudit Cours, intitulée LA MORALE CHRESTIENNE', &c. pour cette premiere édition seulement.

Achevé d'imprimer pour la premiere fois le 8. Mars 1669.
Les Exemplaires ont esté fournis.

Fautes principales à corriger avant que de lire.

Page	Ligne	Fautes	Corrections
13.	15.	est il	il est
18.	8.	vn	vne
19.	5.	fait	faits
31.	11.	inquitude	inquietude
117.	12.	qu'il	il
124.	30.	excites	exciter
125.	1.	Prophete	Sage
137.	7.	demeurons	demeurerons
138.	31.	lavere	l'autre
159.	24.	circonstanes	circonstances
183.	26.	celuy	ce luy
211.	15.	connoissent	connoissoient
229.	11.	qu'elle	qu'il
250.	18.	lisez d'vn amour charnel.